Über die Autorin:
Elena Senft, Jahrgang 1979, arbeitet als freie Journalistin und Autorin beim WDR, beim RBB, bei *Neon* und beim *Tagesspiegel*.

Elena Senft

UND PLÖTZLICH IST SPÄTER JETZT

Vom Erwachsenwerden und nicht wollen

KNAUR TASCHENBUCH VERLAG

Besuchen Sie uns im Internet:
www.knaur.de

Originalausgabe Juli 2009
Knaur Taschenbuch.
Ein Unternehmen der Droemerschen Verlagsanstalt
Th. Knaur Nachf. GmbH & Co. KG, München
Umschlaggestaltung: ZERO Werbeagentur, München
Umschlagabbildung: Fine Pic®, München
Satz: Adobe InDesign im Verlag
Druck und Bindung: CPI – Clausen & Bosse, Leck
Printed in Germany
ISBN 978-3-426-78207-1

5   4   3

»Also, jung sein, da hätt ich jetzt auch keine Lust mehr zu …
mit E-Mail und so.«
Antonias Mutter

»Morgens halb zehn in Deutschland:
Ihr fresst Knoppers, ich penne!«
Mann auf einer Party

»Weisse watte biss? Wie ein Kind tuste dich benehmen,
genau dat bisse!«
Lars' Vater

Für Mama und Papa.

Inhalt

Plötzlich soll man sich entschieden haben, wohin genau das Leben gehen soll, und wenn man dort noch nicht angekommen ist, soll man doch bitteschön wenigstens schon mal loslaufen. Man ist schließlich erwachsen. Und fühlte sich nie kindlicher.

Besorgt war man eigentlich nie. In der Schule reichte die Planung nur bis zum Abitur, in der Wahl des Studienfachs entschied man nach grober Interessenlage und merkte dann ziemlich schnell: Seminararbeiten kann man auch betrunken schreiben.

Wenn Leute auf WG-Partys plötzlich ab zwei Uhr schon mal den Müll einsammeln, ist nichts mehr, wie es war. Soll man es ignorieren und einfach weiter »Kiss« von Prince singen oder so tun, als müsste man morgen auch früh raus, um zu joggen und Zeitung zu lesen?

»Wie sind denn Ihre Gehaltsvorstellungen?« 152

Welcher Chef muss heute noch ein Scheusal sein, wenn die Berufsanfänger schon allein dafür sorgen, sich kleinzumachen? Aus Erwartungshaltungen, Minderwertigkeitskomplexen und der leisen Ahnung: Eigentlich könnte ich das doch alles besser, wenn man mich ließe.

»Wo sehen Sie sich in fünf Jahren?« 209

Nichts ändert sich je von heute auf morgen. Man merkt nicht, wie Dinge sich verändern, sondern nur, dass sie sich bereits verändert haben. Und ehe man sich versieht, macht man keine Arschbombe mehr ins Schwimmbecken, sondern befeuchtet erst mal seine Arme.

»Bitte stellen Sie sich doch kurz vor …«

Plötzlich soll man sich entschieden haben, wohin genau das Leben gehen soll, und wenn man dort noch nicht angekommen ist, soll man doch bitteschön wenigstens schon mal loslaufen. Man ist schließlich erwachsen. Und fühlte sich nie kindlicher.

Vor nicht langer Zeit habe ich auf einem Steg gestanden und nach unten ins Meer geguckt, bis mir ein bisschen übel geworden ist. Der Steg befindet sich im Ostseeheilbad Zingst, ist mit dem Auto leicht von Berlin aus zu erreichen und ragt etwa hundertfünfzig Meter vom Strand in die Ostsee hinein. Die unangefochtene Rentnerin unter den Meeren.

In Zingst kann man an der Strandpromenade herumlaufen, sich selbst oder eventuell vorhandenen Reisepartnern am Beispiel auf der Stelle fliegender Möwen beweisen, dass männliche Vögel wirklich keine Penisse haben, Sanddornprodukte kaufen, Boddenzander mit Petersilienkartoffeln essen, und ein Bekleidungsgeschäft mit dem Namen »Bonnie und Kleid« zeigt zuverlässig den Maximalspielraum von dem an, was hier im Humorsegment zu holen ist.

Wenn man in Zingst einatmet, fühlt es sich sauberer an, als wenn man das Gleiche in Berlin tut oder in einer anderen großen Stadt, und der Wind hier ist gut für die Haut und schlecht für die Haare.

Meine mit mir urlaubende Freundin machte einen den Wadenmuskel nach Spaziergängen dehnenden Ausfallschritt nach hinten, mit einem Gesichtsausdruck, als wäre ihr gerade etwas Schweres auf den Fuß gefallen. Sie strich sich über den prall mit Apfelstrudel gefüllten Bauch. Dann guckte sie gedankenverloren auf die vorbeilaufenden Opas mit ihren auf dem Rücken verschränkten Armen und die dazugehörigen Omas mit den unverrückbaren, fliederfarbenen Lockenfrisuren und sagte: »Und jetzt erst mal ein bisschen ausruhen, ne?« Dann sind wir zurück ins Hotel gegangen. Ein sehr gutes Hotel, eines mit Pantoffeln und Bademänteln und Fruchtkorb auf den Zimmern. In diesem Moment habe ich mich sehr alt gefühlt. Zwar auch sehr wohl und außerordentlich gesund, aber eben vor allem sehr alt.

Unser Aufenthalt in einem Wellnesshotel im Ostseeheilbad Zingst, gebucht von zwei Menschen diesseits der 55, ließ sich vor Freunden und Bekannten leicht rechtfertigen: Es handelte sich schließlich um einen Reisegutschein. Unerwähnt blieb in unseren wortreichen Ausführungen aber auffällig oft, dass bei diesem Gutschein auch die Reiseziele »Incredible Istanbul« sowie »Brilliant Barcelona« zur Auswahl gestanden hätten. Aber wir wollten lieber und ganz bewusst drei Tage schlafen und ausruhen, anstatt drei Tage wach zu sein.
Wir wollten unter keinen Umständen am verlängerten Wochenende in eine Stadt reisen, die gern mit den Attributen »pulsierend« oder »faszinierend« beschrieben und von der behauptet wird, dass sie sich in einem »ständigen Wandel« befinden und »niemals schlafen« würde. Es war uns egal, dass Istanbul kein Ruhebedürfnis hat. Wir waren müde. Und entschlossen.

Trotzdem warf die Wahl des Reiseziels Fragen auf: Darf man in unserem Alter überhaupt den Begriff »verlängertes Wochenende« verwenden, oder dürfen das nur die eigenen Eltern? Darf man Spaziergänge, die nur um des Gehens willen getätigt werden, eigentlich schön finden, oder muss man immer noch nölend hinter der Spaziergruppe herschlurfen, die Füße kaum anheben und fragen, wie lange es denn bitte noch dauert, bis man da ist? Gehören wir mittlerweile zu den Leuten, die ganz selbstverständlich und diskussionslos ihr Osterwochenende in einem Ostsee-Hotel mit Finnischem Dampfbad und Außenschwimmbad verbringen dürfen, oder müssten wir nicht eigentlich immer noch khakifarbene Hosen mit vielen Taschen an der Seite in verdreckte Interrail-Rucksäcke werfen, Billigflüge in europäische Metropolen buchen und zum Schlafen Isomatten im Wohnzimmer von Freunden von Freunden von Freunden ausrollen, die man mal irgendwo kennengelernt hat und die ihren Lebensunterhalt durch den Verkauf halluzinogener Pilze bestreiten? Wollen wir morgens am Frühstücksbüfett im Hotel den Tag mit einem Glas Sekt ein- oder den Tag zur gleichen Uhrzeit lieber in einer schmuddeligen WG-Küche mit einer ganzen Flasche Sekt ausläuten und dabei Backofenpommes essen? Sind wir jetzt eigentlich erwachsen oder nicht?

Und das Wichtigste: Müssen wir das überhaupt selbst entscheiden, einen Punkt setzen, oder entscheidet es sich irgendwann einfach ganz von allein, indem die eine Lebensweise überhand über die andere gewinnt, und man merkt es gar nicht, es tut auch nicht weh, sondern ist auf einmal einfach anders, und man denkt höchstens kurz »Nanu?!«? Wenn überhaupt.

Es fühlt sich ein bisschen an wie Pubertät. Nur dass man es vielleicht ein wenig mehr durchschaut oder es sich zumindest einbildet, weil man eben keine dreizehn mehr ist. Komisch, dass die Pubertät als schwerste Phase im Leben eines jungen Menschen gilt und jeder volles Verständnis für nerviges Verhalten, für Orientierungslosigkeit und unangekündigte Gefühlsschwankungen der Pubertierenden aufbringt. Falls man das nicht tut, ist man schnell als nervenschwach, streng und unlocker verschrien, und man läuft Gefahr, es sich mit allen Pädagogen und Eltern dieser Welt in Sekundenschnelle und auf immer zu verscherzen. Lohnenswert ist in diesem Fall die tiefere Auseinandersetzung mit der nach Verständnis schreienden Materie durch einen Blick in die Fachliteratur, die in Bibliotheken Regale füllt und Namen trägt wie *Pubertät – Loslassen und Halt geben*. Es hat sich schließlich schon damals nicht gelohnt, sich mit Eltern oder Pädagogen anzulegen.

Dabei ist eigentlich die Phase vom Jungsein zum Nicht-mehr-Jungsein, die Menschen um die 30 durchlaufen, der deutlich verwirrendere und vor allem verlustreichere Lebensabschnitt. Verwirrender als die Pubertät deswegen, weil man nicht durch das faszinierende eigene körperliche Naturschauspiel – Haarwuchs, Stimmveränderung, Schweißgeruch – vom Übergang der Lebensabschnitte abgelenkt ist. Verlustreicher deswegen, weil einem das, was kommt, nicht erstrebenswerter scheint als das, was war. Immerhin steht die eigene Jugend auf dem Spiel!

Trotzdem erfahren diejenigen, die diese Phase durchlaufen, keine Empathie, sie dürfen auch nicht mit Narrenfreiheit rechnen, ihre Übergangsphase ist kalt und verständnislos.

Über diese Phase gibt es keine Bücher, die *Wie Sie Ihr Kind beim Erwachsenwerden begleiten* heißen. Dabei geht es hier doch um das richtige Erwachsenwerden. Nicht das Erwachsenwerden mit Menstruation und Busen, sondern das Erwachsenwerden mit Steuernummer und Kinderkriegen und Sozialversicherungsausweis (wo ist der eigentlich?) und ernsthafter Partnerschaft und Miete und Nebenkostennachzahlungen!

Doch dafür gibt es keine Anleitungen. Keine Auflistungen, in denen man seine Symptome wiederfindet und dann weiß, dass das alles so sein muss und genau so seine Richtigkeit hat. Ein fieser Übergang mit einer langen Mittelphase, in der man manchmal schon Zingst ist, meistens aber noch Istanbul. In der man orientierungslos dasteht und am liebsten Mama fragen würde, was man denn jetzt machen soll, bevor man sie im nächsten Moment anherrscht, sie solle einen doch mal bitte in Ruhe lassen, man sei schließlich selbst erwachsen und könne für sich entscheiden.

Und man fragt sich: Ob man eher einen neuen WG-Mitbewohner suchen oder langsam mal einen Partner dazu bewegen sollte, eine gemeinsame Wohnung einzurichten. Ob man sich noch die Pflegeprodukte der Marke Bebe kaufen sollte oder endgültig einsehen muss, dass man einfach keine »junge Haut« mehr hat und nicht mehr zur Zielgruppe gehört. Ob man eigentlich noch bei H&M jobben oder ein Praktikum machen darf, um sich vielleicht doch noch mal branchentechnisch umzuorientieren, oder ob man nicht endlich mal eine sozialversicherungspflichtige unbefristete Beschäftigung an Land ziehen müsste. Ob ein Aufbaustudium wirklich noch etwas bringt oder ob es bloß nach hinten verschiebt, was man einfach nicht angehen möchte? Ob man langsam mal bemerken sollte, dass die eigene Gynäkologin einen selbst meint, wenn sie von »Spätgebärenden« spricht, wohingegen man selbst sich mit einem Kinderwagen fühlen würde wie die Hauptdarstellerin einer RTL-II-Reihe mit dem Titel »Teenie-Mamas«.

Im verlängerten Wellness-Wochenende in Zingst zeigte sich diese Zerissenheit dadurch, dass wir uns einerseits streng und penetrant beim Hotelpersonal beschwerten, als die feuchten Bademäntel nicht wie von uns angeordnet schnellstmöglich durch trockene ersetzt wurden (in diesem Zusammenhang fielen peinlicherweise auch die Formulierungen »Ich würde gerne Ihren Vorgesetzten sprechen« und »Ich bin hier schließlich Gast«), andererseits aber nach Ende des Aufenthalts kichernd und in welpenhaftem Übermut ebendiese Bademäntel, versteckt unter Flipflops und einem Badetuch mit der Aufschrift »Lloret de Mar, summer 1997« in unseren Reisetrolleys mitgehen ließen und mit dem billigen Wochenend-Ticket der Deutschen Bahn und mehrfachem Umsteigen zurück nach Hause fuhren.

Ich beneide Menschen, die ihren Platz bereits gefunden haben. Die Unumstößlichkeit ausstrahlen, Überzeugung und Standfestigkeit. Die ganz fest im Leben stehen, die genau wissen, was sie wollen und was nicht, und die ihre Position dabei ganz genau kennen. Ich denke da immer an eine Frau, die so ähnlich wie »Wuttke« hieß, eine Universitätsmitarbeiterin, deren berufliche Aufgabe fast ausschließlich darin bestand, haarscharf am Rande der Zwangsexmatrikulation befindliche Studenten in formlosen Briefen von dieser unangenehmen Tatsache in Kenntnis zu setzen und diese Studenten anschließend persönlich zu sich zu zitieren, um ihnen noch einmal genau das Gleiche zu sagen, was sie ihnen in dem Brief bereits mitgeteilt hatte.

Die Frau hatte eine dunkelblonde Kurzhaarfrisur mit ausrasiertem Nacken und einer blassrosa gefärbten Strähne am Pony, die länger war als das übrige Haar. Dazu ein sehr spitzes, kleines, hektisches Gesicht mit einer langen Nase und das Profil eines Igels. Sie trug Sweatshirts mit englischsprachigem Aufdruck (entweder »Streetwear« oder »love and hate«), eine Ilona-Christen-Brille in Tropfenform mit austauschbarem Gestell, und sie rauchte den ganzen Tag diese Zigaretten, die ein bisschen länger sind als normale, und drückte sie in einem Aschenbecher aus, der husten konnte, wenn man einen bestimmten Knopf betätigte.

Dazu hatte sie in ihrem Büro eine immer randvoll mit pechschwarzem Kaffee gefüllte Tasse, auf der »Mein Job ist sicher – kein Anderer will ihn haben« stand, einen uralten, grauen Computermonitor und einen ebensolchen Computer, dessen Lüftung kaputt war und der unentwegt Speichergeräusche von sich gab. Außerdem hatte sie in riesigem Format jenes Schwarzweiß-Poster aufgehängt, das eine Gruppe Bauarbeiter zeigt, die hoch oben über den Dächern von New York auf einer Metallstrebe Mittagspause macht. Frau Wuttke fand dieses Poster witzig. Weil sie es aber noch nicht witzig genug fand, hatte sie die Gesichter der Bauarbeiter durch in Schwarzweiß fotografierte und anschließend ausgeschnittene Konterfeis diverser Familienmitglieder ersetzt, so dass auf jedem Bauarbeitergesicht ein Wuttke-Gesicht klebte.

Manchmal bestellte sie Studenten ohne ersichtlichen Grund in ihr verrauchtes Büro und verwickelte sie in minutenlange

Privatgespräche. Wenn der verstörte Student das Zimmer wieder verließ, roch er wie eine Neuköllner Arbeiterkneipe und war darüber im Bilde, dass Frau Wuttke seit »dreißig Jahren im Mahnwesen tätig« und dass sie geschieden ist, dass sie »ein Familienmensch mit Leib und Seele« ist und dass sie wegen der blöden Computerarbeit »tierisch Rücken« hat. Vor allem aber wusste man, dass man Frau Wuttke beneidete. Um ihre Bestimmtheit und ihre Sicherheit. Und um die Gabe, sich einfach nie blöd, minderwertig oder nicht so gut wie die anderen vorzukommen, ganz egal, was sie gerade für einen Schwachsinn redete.

Frau Wuttke wusste genau, was sie mochte, was sie nicht mochte, wo sie stand, was ihre Welt ist und was nicht, und bestätigte jede einzelne ihrer geäußerten apodiktischen Ansichten mit einem nachdrücklichen »Da steh ich auch zu« und einem die eigene Aussage festigenden Nicken, bei dem die rosafarbene Pony-Strähne wackelte. »Ich bin ein Mensch, der sich das nicht lang anguckt, wenn er hier scheiße behandelt wird. Das ist echt nicht meine Welt, das sach ich dir. Da können die ihren Scheiß bald alleine machen.« Dann folgten ein langer Zug an ihrer langen Zigarette und ein langer Blick aus dem grauen, ungeputzten Uni-Fenster, vorbei an den in Senfgläsern vor sich hin gedeihenden Ablegern einer Grünlilie. »Da steh ich auch zu.«

Ich bin 1979 geboren. Ich bin also auch mit viel Auslegungstoleranz kein Teenager mehr und auch kein orientierungsloser Postabiturient, der in seiner ersten eigenen Wohnung seinen Papiermüll heimlich im Normalmüll versteckt, einfach nur deswegen, weil er zu faul ist, in seiner Wohnung einen offiziellen Ort zu eröffnen, an dem der Papiermüll zu lagern ist. Bei mir erwartet man nicht mehr ganz selbstverständlich, in Pizzaschachteln oder Schlimmeres zu treten, und mir rät auch niemand mehr, sobald er nur ein halbes Jahr älter ist, milde lächelnd und welterfahren, mich in privater und beruflicher Hinsicht erst mal ein bisschen auszuprobieren, bevor ich mich für irgendwas von Bestand und Dauer entscheide.

Ich bin eine von denen, die immer dachten, mit 30 würden sie keine Adidas-Turnschuhe mehr tragen. Was ich früher gedacht habe, was man sonst mit 30 für Schuhe trägt, weiß ich nicht mehr. Eine Freundin von mir hat sich vor einiger Zeit für ihr erstes juristisches Staatsexamen ein Paar hochwertige Damen-Lederschuhe gekauft. Dunkelbraune Halbschuhe, vorn fast viereckig zulaufend, mit einem quadratischen, plumpen und etwa zwei Zentimeter hohen Blockabsatz. Ein Schuh, der kein flacher Schuh sein will und sich gleichzeitig nicht traut, ein Absatzschuh zu sein. Dazu hatte er eine leichte, im gleichen Farbton gehaltene Lederverzierung am Schaft. Vielleicht hatte ich früher genau solche Schuhe im Kopf.

Zumindest aber habe ich nicht an Chucks gedacht oder an Jeans-Miniröcke, nicht an Kapuzenpullover, auf denen die Namen US-amerikanischer Universitäten stehen, die man nie besucht hat und nie besuchen wird. Ich hatte nicht an Glitzerarmreifen gedacht und nicht daran, dass ich vielleicht ratlos vor dem Spiegel stehen und überlegen würde, ob es jetzt mit 30 eigentlich noch angebracht ist, die Haarreifenmode mitzumachen.

Ich dachte, man wäre mit 30 beruflich komplett etabliert, hätte Geld zum Zurücklegen für große Anschaffungen (ein Volkswagen oder »ein neues Schlafzimmer« beispielsweise, nicht eine »Senseo«-Kaffeemaschine oder eine »Diesel«-Jeans) und keine Angst, dass Peter Zwegat von RTL vor der

Tür steht, sobald man sein Auto noch ein weiteres Mal volltankt. Die Eltern, dachte ich, würden nicht mehr die Krankenkasse ihres erwachsenen Kindes bezahlen müssen und es nebenbei auch noch daran erinnern, dass es an seinem Auto bitte die Winter- nun mal langsam gegen Sommerreifen ersetzen soll …

… anschließend zückte Papa den Wagenheber und bot höflich an, die Sache mit den Sommerreifen persönlich für mich zu übernehmen. Ich lehnte dankend ab. Nicht etwa, weil ich denke, Papa könne das nicht, oder weil ich dieses Angebot für die unangebrachte Bevormundung einer erwachsenen Frau halte, sondern weil ich in jedem Fall vermeiden muss, dass Papa in die Nähe meines Autos gelangt und es von innen sieht.

Mein jeansblauer Ford-Ka (Edition »Student«) wird sehr oft benutzt. Jede Strecke, die länger als seine eigenen Abmessungen ist, wird in der Regel in ihm zurückgelegt. Und da es diese allen Vätern innewohnende Eigenschaft gibt, jedem Auto bei jeder sich bietenden Gelegenheit auf den Kilometerstandsanzeiger zu gucken, parke ich bei Elternbesuchen stets mit großzügigem Sicherheitsabstand und auf der anderen Straßenseite.

In meinem Ka-»Student« gibt es keinen Stadtplan und keinen Eiskratzer, dafür im Bereich des Beifahrersitzes: fünf Bifi-Roll-Verpackungen, eine Glasschüssel (in der ein Rest Party-Nudelsalat zu erkennen ist), Staub und drei leere Packungen Gauloises (rot). Im Fond: vier halbleere Wasserflaschen (die es sicher niemals gegen die Rückgabe des Flaschenpfandes zurück in einen Supermarkt schaffen werden), elf leere Packungen Gauloises (rot), eine leere Bäckertüte mit den Krümelresten einer Streuselschnecke, ein Schraubenzie- her, mit dem erfolglos am Autoradio geschraubt wurde, zwei Winterjacken (nur von einer ist der Besitzer bekannt, und dieser Besitzer, der ich selbst bin, versucht seit einem geschla- genen halben Jahr, diese Winterjacke vom Auto in seine Wohnung zu schaffen und hat nun entschieden, dass er ein- fach auf den nächsten Winter wartet).

Ich hatte gedacht, dass ich mit 30 vielleicht bereits einen Kre- dit für eine wichtige Investition wie einen Hausbau im grü- nen Berliner Speckgürtel aufgenommen hätte. In Wirklich- keit bin ich bisher nicht einmal Besitzer eines Bügeleisens und weiß auch nicht, wann und ob sich das ändern wird. Einen Kredit aufzunehmen, das würde ich mich im Leben nicht trauen. Das dürfen Leute wie Väter, Mathelehrer oder Professoren. Nicht Leute wie ich.

Eine Freundin hat mir neulich erzählt, dass sie kürzlich bei ihrer Bank angerufen hat, um ihren Dispo zu erhöhen. Sie hatte sich wochenlang vor diesem Anruf gedrückt und inner- lich gejubelt, wenn die zuständige Mitarbeiterin gerade »zu Tisch« oder »nicht am Platz« oder ihre Leitung besetzt war. Es gab ihr das gute Gefühl, es wenigstens versucht zu haben. Als sie sie schließlich erreichte, erklärte die Freundin lang und defensiv, dass es ja eigentlich überhaupt nicht ihre Art sei, ihr Konto zu überziehen, normalerweise sei sie ein sehr sparsamer und vor allem verantwortungsbewusster Mensch, sie stehe ja auch fest im Berufsleben, und dass sie jetzt aber dummerweise eine etwas kostspieligere Autopanne, die sie selbstverständlich unverschuldet traf, fachmännisch würde beheben lassen müssen, Verkehrssicherheit würde bei ihr eh großgeschrieben, und daher eine größere Geldsumme benötige. Die Bankangestellte sagte so etwas wie »Sie brauchen sich doch nicht vor mir zu rechtfertigen, Sie sind doch erwachsen!«

Die Bankfrau hatte natürlich recht. Und die Freundin war sauer, weil sie wusste, dass die Bankfrau, die wahrscheinlich drei Jahre jünger war als sie, recht hatte. Weil sie doch eigentlich wirklich erwachsen ist und sich doch viel zu oft so fühlte, als hätte ihre Mama sie beim Rauchen erwischt.

Ich war froh, als die Freundin mir die Geschichte erzählte. Sie hatte mein volles Mitgefühl: Weil ich bei der fünften Staffel »Deutschland sucht den Superstar« für Thomas Godoj gevotet und einen Tag später vergessen habe, beim Berliner Volksentscheid über die Zukunft des Flughafens Tempelhof abzustimmen. Weil ich, sobald mich ein Vorgesetzter oder eine zumindest irgendwie hierarchisch deutlich höhergestellte Person morgens um sieben auf dem Handy anruft, zwar völlig berechtigterweise noch schlafe, ihm oder ihr aber trotzdem mit belegter Schlafstimme auf die Frage »Habe ich Sie geweckt?« weiszumachen versuche, dass ich selbstverständlich nicht mehr schlafe, sondern – ganz im Gegenteil – schon sehr lange wach sei und gerade vom Joggen komme und es nun kaum erwarten könne, mit der Arbeit zu beginnen. Eigentlich würde ich nämlich sowieso nie schlafen, sondern höchstens warten.

Der Moment war plötzlich da, dass ich nicht mehr zu meinen Eltern gehen und sagen konnte: »Mutter, Vater. Ich hab's mir noch mal überlegt. Medizin, das könnte was für mich sein. Es wäre also sehr nett, wenn euer Dauerauftrag auf mein kostenloses Girokonto noch etwa zwanzig Semester lang und ohne lästiges Nachfragen fortbestehen würde. Und bitte regelt das für mich mit der Krankenkasse, und sagt denen, dass es noch etwas länger dauern wird.« Und die Eltern würden daraufhin begeistert nicken, sagen, dass mir ein Stethoskop um den Hals sicherlich hervorragend stehen würde und wenn nicht, wäre es ja auch kein Drama, und eine Flasche Sekt öffnen.

Der Freibrief, sich selber auszuprobieren und zu irren, ist verschwunden, ohne sich vorher verabschiedet zu haben. Heute ist vielmehr die Zeit gekommen, in der die Eltern anrufen und fragen, wie lange der ganze Quatsch denn noch dauern soll und was man damit eigentlich mal machen wolle. Dann würden sie ankündigen, dass sie den Dauerauftrag jetzt mal langsam stornieren wollen, und man selber würde am liebsten fassungslos schreien: »Wie bitte?! Das könnt ihr doch nicht machen! Ich bin doch erst 22!« Und dann würde einem wieder einfallen, dass das ja gar nicht stimmt. Nicht mehr.

Der Übergang kam schnell, ohne Eingewöhnungsphase und ohne Ankündigung. An einem Tag war noch alles erlaubt, und am nächsten sollte man sich doch bitte langsam mal entschieden haben. Endgültig. Der Welpenschutz ist vorbei. Und mit ihm verschwand dieses beruhigende »Na ja, du hast ja auch noch viel Zeit«, und dieses neidische Lächeln aller Älteren, das zu sagen schien »Ach, wäre ich doch auch noch mal so jung wie du und mir stünden noch alle Wege offen«, das immer mitschwang und einem das beschwingte Gefühl gab, dass alles gut ist. Man hat noch Zeit, man ist ja noch jung, es ist noch alles drin.

Doch das Gefühl war irgendwann weg. Weil man plötzlich von Verwandten und von Freunden der Eltern keine verständnisvollen Blicke mehr erntete, wenn man erzählte, man wisse halt noch nicht so ganz genau, was man »später« mal machen wolle mit der Studienkombination »Philosophie–Komparatistik–klassische Archäologie«, man handele jetzt erst mal nach dem Interessenprinzip und warte noch ein bisschen ab, was passiert. Plötzlich waren Fragezeichen in den Gesichtern, die eine Antwort verlangten und einen Zeitplan. Die einen zwangen, sich zu rechtfertigen, Ansagen zu machen, Hausnummern zu nennen, die verbindlich und irreversibel sind. Dinge, die man bisher nicht gelernt hatte und für deren Beherrschung man gerne auch erst mal eine Einführungsveranstaltung über mehrere Semester besucht hätte.

Die Blicke sagten bisher doch eigentlich immer: »Das ist okay. Keine Eile. Keine Sorge. Es wird sich später schon was ergeben.« Doch auf einmal ist »später« nicht mehr später, sondern »jetzt«, und die dümmsten ehemaligen Klassenkameraden, so kommt es einem vor, fangen nach und nach an, ihre klapprigen Opel Corsa mit dem nie wieder vollständig zu entfernenden Kleberesten eines »Abi '99«-Heckscheibenaufklebers zu verkaufen und schwarze Audis mit Sitzheizung zu leasen. Alle.

Wahrscheinlich kam der Moment gar nicht plötzlich und schnell, sondern man wollte ihn einfach noch nicht kommen sehen. Weil man nicht wollte, dass es anders ist. Weil man sich nicht eingestehen wollte, dass man selber mal eigenverantwortlich zu Potte kommen müsste, wenn es plötzlich heißt: »Die Anja Böttcher ist jetzt übrigens Handchirurgin. Müssen deine Semestergebühren für das kommende Semester eigentlich noch bezahlt werden, oder hattest du das schon selbst übernommen? Ich frag ja nur! Nicht, dass du wieder die Frist verpasst und wir dann am Ende draufzahlen!«

Eltern sagen plötzlich: »Du, wir übernehmen das mit den Semestergebühren jetzt noch ein Mal, wir wollen nicht, dass du bei deinem Konto ins Minus kommst« – und wissen nicht, dass man schon seit geraumer Zeit permanent im Minus ist und dass Minus tausend so etwas ist wie bei anderen Leuten null.

Ich hätte früher nicht gedacht, dass man mit 30 beim elterlichen Besuch vermeidet, Mutter und Vater den eigenen Kontostand zu verraten, weil man strafende Blicke noch genau so fürchtet wie damals und auf keinen Fall so etwas wie: »Dann verstehe ich wirklich nicht, warum du nicht mal öfter mit dem Fahrrad fährst, bei *den* Spritpreisen«, hören möchte. In solchen Fällen denkt man trotzig: »Ich bin erwachsen, ich muss mich überhaupt nicht dafür rechtfertigen, dass ich gerne im Minus sein möchte, wenn ich das für richtig halte.«

Mütter fragen am Telefon, ob man eigentlich die Berufsunfähigkeitsversicherung mittlerweile mal abgeschlossen habe, und man würde am liebsten laut »Funkloch« rufen und auflegen, aber Mütter lassen nicht locker. Man sagt »ja« und weiß in Wirklichkeit nicht einmal mehr, wo man die entsprechenden Unterlagen abgelegt hat und ob es sie überhaupt noch gibt. Vielleicht irgendwo in einer Handtasche zwischen Kaugummipapierchen, Kontoauszügen und einem sandigen Labello. Im Kopf ertönt hallend die neunmalkluge Stimme der Mutter, die sagt, dass Kontoauszüge übrigens zehn Jahre lang aufbewahrt werden müssen. Und man möchte zu seiner Mutter am Telefon sagen: »Mutter, wer braucht eine Berufsunfähigkeitsversicherung, wenn er nicht mal in der Lage ist, überhaupt einen Beruf zu haben?« Kann man sich auch dagegen versichern?

Vielleicht ist diese Phase deshalb so schwierig, weil sie einen zum ersten Mal daran erinnert, was alles nicht mehr möglich ist im eigenen Leben, was man bereits verpasst hat. Ich habe begriffen, dass es mit 30 bereits zu spät sein könnte, mit einer guten Augenpflege zu beginnen. Ich habe begriffen, dass Sport nicht nur dazu da ist, dünn zu sein, sondern auch dazu, gesund zu bleiben. Ich habe begriffen, dass es mir niemals mehr gelingen wird, nicht mal mehr theoretisch, Deutschlands jüngste Professorin zu werden. Es wird mir nicht mehr gelingen, eine Diplomatenkarriere aufs Parkett zu legen. Es wird mir nicht mehr gelingen, eine »Jungschauspielerin« zu werden – ich bin dafür einfach zu alt. Früher waren Fernsehstars immer älter als man selber, und das gab einem das gute Gefühl, man könnte theoretisch noch alles, alles, alles schaffen und man könne auch ruhig morgen erst damit anfangen, wenn man heute lieber fernsehen will.

Gewisse Dinge sind jetzt aber einfach gelaufen. Ohne mich. Ich fühle mich zu alt, um morgens mit einem Clubstempel auf der Stirn und einer Stimme wie Hildegard Knef auf dem Sterbebett bei einer Freundin anzurufen und zu fragen, wie hoch die Wahrscheinlichkeit ist, dass mein Gefühl stimmt, dass ich mich am Vorabend danebenbenommen habe. Ich fühle mich zu alt, um darauf einzugehen, wenn ein Arbeitgeber vorschlägt, ich solle doch erst mal zwei Wochen umsonst arbeiten, um zu sehen, wie wir zueinander passen. Ich fühle mich aber wiederum zu jung, um am Samstagabend nach einer Weißweinschorle um zwölf nach Hause zu gehen, weil ich am Sonntag lieber »etwas vom Tag haben möchte«. Ich fühle mich zu klein, um zu dem Arbeitgeber zu sagen: »Natürlich werde ich das nicht tun!«.

Darf man sich selber noch erlauben, eine unkomplizierte

Affäre mit einer auf Dauer völlig indiskutablen Person anzufangen, oder ist das bloße Zeitverschwendung, weil man langsam mal die große Liebe finden und Nägel mit Köpfen machen muss? Und wenn ich jetzt schon unter Druck bin, wie soll ich dann erst mit dem Druck umgehen, wenn ich die Letzte bin, die noch geschwängert werden muss. Und: Ist es okay, wenn ich einfach noch nicht so weit bin, dass ich mit lauter Müttern und Babys am Tisch sitzen will?

Eine Phase geht zu Ende. Diplomarbeiten gehen, Arbeitsstellen kommen, WGs lösen sich auf, Partys werden nicht mehr in der Küche gefeiert, Mädchen-Urlaube weichen Erinnerungen auf Postkarten von befreundeten Pärchen, auf denen steht: »Du, wir sind genau neben dem Ort, wo wir damals auf dem Campingplatz waren, weißt du noch?«
Die Geschichten, die nun neu hinzukommen, verändern sich. Die wirklich lustigen Geschichten, die, wo Nina plötzlich nach dem Urlaub einen tunesischen Animateur vor der Tür stehen hatte, wo Lena morgens auf einer Bank vor der Haustür aufwachte, auf der sie sich nachts beim Heimkommen abgesetzt hatte, um ihren Schlüssel in Ruhe zu suchen, werden weniger. Häufiger geht es nun in Gesprächen auch um die Vorteile einer Mitgliedschaft im Mieterverein oder darum, wie unglaublich es ist, dass sich Vera und Hannes nach sieben Jahren jetzt doch getrennt haben. All das, was halt wichtig ist, wenn man erwachsen ist und Verantwortung übernimmt. Man fühlt sich aber trotzdem nicht so, als würde man schon vollständig und glücklich angekommen auf dieser Seite stehen, gutgelaunt rüberwinken und sagen: »Weißt du noch, wie klein wir waren?!«

Den gesamten letzten Sommer habe ich hoch oben über der Schönhauser Allee auf dem Balkon meiner Freundin Julia verbracht. Am Freitagnachmittag saßen wir auch dort. Julia sagt, sie ziehe generell nur in Wohnungen, die an großen Kreuzungen liegen. Also, an den richtig großen Berliner Kreuzungen, den fiesen, an denen keiner wohnen will, weil man sich auf dem Balkon fast schreiend unterhalten muss. Das macht sie schon seit Jahren so. Warum, das weiß sie auch nicht, aber sie möchte gerne mal darüber nachdenken und während sie nachdenkt auch schon darüber sprechen, wenn es mir nichts ausmacht. Weil sie viel spricht und gerne.

Sie sagt, sie denke bei der Wohnungsauswahl zumindest nicht an Feinstaub oder den permanenten Geräuschpegel, der wahrscheinlich dafür verantwortlich ist, dass sie oft von Autobahnen träumt. Vielleicht sei es eher ein Kontrollgefühl über die Stadt, denn sie bevorzuge außerdem die Wohnungen im obersten Stockwerk. Manchmal habe sie die Vorstellung, dass sie mal einen Sohn haben würde, dass sie mit ihm auf dem Balkon einer Wohnung im obersten Stock stehen, ihm den Arm um die Schultern legen würde, mit dem anderen Arm eine große Bewegung über die weit unten zu ihren Füßen liegende Straßenkreuzung machen und dann sagen würde: »Mein Junge, das wird alles einmal dir gehören.«

Dazu mag sie das Gefühl, sich in permanenter Gesellschaft zu fühlen. Wenn man jemanden sehen will, muss man nur runtergucken. Weit runter zwar, vier alte Stockwerke weit runter. Das ist aber besser als hochgucken. Immerhin.

Die Kreuzung ist riesig, hier treffen Danziger Straße, Eberswalder Straße und Schönhauser Allee aufeinander, es ist immer Verkehr, man kann die U2 sehen, weil sie an der Station »Eberswalder Straße« überirdisch fährt und trotzdem

U-Bahn heißt, und wenn man nach links guckt, auch den Fernsehturm, der nicht »Alex« heißt, sondern Fernsehturm, weil nur der Alexanderplatz »Alex« heißt, nicht aber der auf ihm stehende Fernsehturm.

Julia und ich trinken den Soave für 2,49. »Mit dem kann man nichts falsch machen«, sagt sie anerkennend. Sie ist barfuß und sagt, sie würde sich oft vor ihren Füßen ekeln. Die Form und so ... Ich sage, dass ich das überhaupt nicht verstehen könne. Ihre Füße seien doch okay, und sie solle mal meine sehen. Dann halten wir unsere Füße zum Vergleich nebeneinander, und beide finden die Füße der anderen schöner, weil man mit anderen Leuten immer weniger streng ist als mit sich selbst, und wir können uns beide wieder entspannt zurücklehnen.

Unten auf der Schönhauser Allee hat Konnopke's noch offen, weil es ja auch erst später Nachmittag ist, und es hat sich eine Schlange von Currywurst-Hungrigen gebildet. 30-jährige Männer in Röhrenhosen tragen ihre Laptops über die Kreuzung nach Hause, die mit ihnen den Tag in Cafés verbracht haben, weil ihnen zu Hause beim Arbeiten zu wenig Inspiration und zu viel Decke auf den Kopf fällt. Von der Kastanienallee kommend, wird ein Radfahrer von einem grünen Auto geschnitten und schreit anschließend einmal laut »Arschloch« über die Kreuzung. Man hört ihn durch den Autolärm hindurch. Es ist ein Mann mit ergonomisch geformtem Fahrradhelm, und Julia und ich müssen beide sofort an Rudolf Scharping denken. Dann fährt der beinahe gerammte Fahrradfahrer weiter, und wir gucken wieder auf die Röhrenhosen.

»Wo haben Männer eigentlich ihre Eier, wenn sie solche Hosen tragen? Das muss doch weh tun.«

»Weiß ich nicht. Aber Männer können ja auch Rad fahren, und es tut nicht weh.«

»Ich hab gehört, dass Lance Armstrong Hodenkrebs davon bekam.«

»Von den Röhrenhosen?«

»Nein, der Hodenkrebs kam vom Radfahren, Tour de France, weißt du?«

»Ach so. Ich hatte Hosenkrebs verstanden.«

Dann gießt Julia Soave nach und sagt noch mal, dass man mit dem nun wirklich nichts falsch machen könne, das Preis-Leistungs-Verhältnis stimme bei 2,49 allemal, und sie singt zu Robbie-Williams-Musik mit, auswendig.

Es folgt eine kurze Unterhaltung über die Röhrenhose im Allgemeinen und dass das wirklich Problematische an Röhrenhosen ja nicht der Kampf sei, überhaupt in sie hineinzukommen, ein Kampf, der sich oft über mehrere Minuten erstreckt und am effektivsten im Liegen in der Rückenlage ausgeführt wird. Es sei auch nicht der hilflos strampelnde Entkleidungsvorgang, der ein sexuelles Vorspiel zu einem ungemein ernüchternden Erlebnis werden lassen kann.

Vielmehr ist das Problem bei Röhrenhosen, dass es fast niemanden auf der Welt gibt, der sie überhaupt tragen kann, gleichzeitig aber viele Menschen dem Irrglauben aufsitzen, dass die Tatsache, dass ein Kleidungsstück in der eigenen Größe hergestellt wird, auch automatisch zum Tragen dieses Kleidungsstücks legitimieren würde, was nicht stimmt. Nur allzu oft werden durch hautenge Hosen nicht nur die eigentlich unproblematischen, aber überbewerteten weiblichen Problemzonen zur Schau gestellt, sondern auch die wirklichen Problemzonen: die massive Fußfessel und sich abzeichnende Baumwollschlüpfer.

Alle zehn Minuten vergewissern Julia und ich uns, ob die andere auch ja nicht müde sei und auch ganz sicher immer noch Lust zum Ausgehen habe. Dann ist der Wein alle. Julia geht in die Küche und sucht in der Kammer nach alkoholischen Relikten der letzten WG-Party. Sie findet einen Absacker, der so fies ist, dass man Angst hat, beim Verzehr zu erblinden und sich außerdem beim Runterschlucken die Nase zuhalten muss.

Nachdem wir die Wohnung verlassen haben, kaufen wir beim afrikanischen Kiosk, bei dem man für 12 Cent die Minute von kleinen Holzkabinen aus nach Togo telefonieren oder eine Haarverlängerung durchführen lassen kann, noch zwei Bier für unterwegs. Dabei dauert die Anfahrt nicht lange, denn wir nehmen ein Taxi. Ob man 1000 Euro im Minus ist oder 1010 Euro, ist ja nun wirklich auch egal.

Um sieben Uhr morgens fallen wir gackernd aus Clärchens Ballhaus in Mitte. Wir hatten mit fremden Menschen Brüderschaft getrunken und geschworen, dass wir uns nie aus den Augen verlieren würden. Ich hatte großzügig meine Telefonnummer an Herumstehende verteilt und fand alles und jeden interessant, den ich im Normalfall nicht auf meiner Geburtstagsfeier würde haben wollen. Dann hatte ich ein Gespräch mit einem amerikanischen Proleten mit Footballspielernacken namens Brian, mit dem ich in wie von Zauberhand fließendem, lallendem Englisch ausdiskutieren wollte, warum eigentlich bisher noch nie jemand auf die Idee gekommen sei, Reisebutter in der Tube zu erfinden und dass ich ihm hier und jetzt in die Hand versprechen würde, sofort morgen früh ein Patent anzumelden. Und ob morgen Sonntag sei, interessiere mich dabei schon mal gar nicht.

Anschließend traf ich Bekannte und schaffte einen bereits seit Jahren andauernden Streit, bei dem ich eigentlich im Recht war, binnen einer Viertelstunde betrunken und unter Zuhilfenahme von Tränen komplett aus der Welt, obwohl ich natürlich hätte wissen müssen, dass ich mein sentimentales alkoholisiertes Einknicken am nächsten Tag bitter bereuen würde.

Julia konnte mich leider nicht davon abhalten, denn sie war beschäftigt. Ich sah sie nur zwischendurch mit dem Gesichtsausdruck einer ukrainischen Medaillenanwärterin im Standard-Paartanz mit einem Mann, der sich »Sheriff« nannte, an mir vorbeiziehen. Sie konnte nämlich plötzlich Foxtrott, Cha-Cha-Cha und den Jive. Bei der Hebefigur hatte sich eine Traube um das Paar gebildet, und Julia sah sehr glücklich aus, als sie mich aus der Luft in der Horizontalen anstrahlte. Später kam sie zu mir und sagte: »Hast du das gesehen? Ich war Penny aus Dirty Dancing! Endlich!«, und ich gab ihr begeistert recht.

Als wir nach draußen kommen, ist Julia barfuß. Ihre Füße sehen lila aus. Wir halten unsere Füße noch mal nebeneinander. Jetzt sind meine eindeutig die schöneren, und wir sehen das beide so. Ich habe plötzlich einen Verehrer, der mir bereits drei SMS geschrieben hat, seitdem ich das Gebäude heimlich verlassen hatte, weil ich mich nicht traute, ihm ins Gesicht zu sagen, dass ich jetzt langsam meine Ruhe möchte. Er sucht mich, schreibt er. Ich habe Angst und bin empört über die Dreistig- und Distanzlosigkeit, dass Menschen, denen man besoffen seine Handynummer gegeben hat, auch tatsächlich von ihr Gebrauch machen.

Mein Verehrer heißt Lutz und behauptet, er sei Anwalt und

hätte einen Balkon und noch jede Menge »spritzige« Getränke zu Hause! Wir reagieren nicht und ekeln uns ein bisschen,
weil wir sexuelle Zweideutigkeit herauslesen. Lutz schreibt,
er würde gerne die Nacht mit mir verbringen. Wir ekeln uns
noch mehr, kichern doof und reagieren nicht. Lutz schreibt
»Lust?«, und wir antworten mit »Lutz«, weil wir das Wort-
spiel in diesem Moment sehr komisch finden. Dann ruft Lutz
an, wir drücken uns immer wieder albern kichernd gegenseitig das Handy in die Hand wie zwei Zwölfjährige beim Be-
sentanz auf der Geburtstagsparty, niemand will drangehen,
niemand geht dran, niemand spricht auf die Mailbox. Dann
schreibt Lutz »Mist!!«. Es ist das Letzte, was ich je von ihm
gehört habe.
Julia sagt, dass sie dringend jetzt noch ungefähr 10 000 Kalo-
rien braucht, um wieder zu Kräften zu kommen. Wir frühstücken einen Big Mac. Stumm sitzen wir auf Aluminiumstühlen
vor McDonald's auf der Schönhauser Allee. Die Verrückte,
die immer hier in der Gegend herumläuft und alle beschimpft,
kommt vorbei und schreit »Pommesfresser«.

Am Samstag ruft nachmittags Kathrin an. Sie war bereits um
fünf Uhr morgens wach, ist mit ihrem wunderschönen
Freund, mit dem es immer toll läuft (und wenn es nicht toll
läuft, dann kaufen sie sich ein paar Weichkäsesorten mit ho-
hem Fettanteil und eine Flasche Rotwein und diskutieren
konstruktiv auf dem Balkon), und ganz vielen guten Freunden nach Rostock zum Hochseeangeln gefahren, sie haben
dort unzählige Dorsche gefangen, die sie jetzt im Mauerpark
grillen wollen, und ich soll dabei sein. Ich will aber nicht dabei sein, finde mich selber doof, weil ich nicht dabei sein will,
ich kann aber gleichzeitig nicht anders. Ich will nicht dabei

sein, weil die Wiederholung von »Motorrad Cops« kommt und ich liegen und fernsehen möchte. Und nicht grillen oder Frisbee spielen oder Beachvolleyball. Und erst recht nicht, wenn draußen schönes Wetter ist.

Ich bin in genau diesem Moment sehr froh, dass ich nicht mehr bei meinen Eltern wohne. Ich befinde mich in einem Zustand, in dem Mütter hereinplatzen, die Hände in die Hüften stemmen, Gardinen und Fenster aufreißen und sagen, man hätte ja wohl nicht vor, den ganzen Tag »in der stickigen Bude« zu bleiben und »vor der Flimmerkiste« zu hocken. Ich will in der Bude bleiben, stelle beim Telefonieren mit Kathrin aber trotzdem den Ton des Fernsehers in weiser Voraussicht leise und sage, ich hätte große Lust auf Dorsch, müsse aber betrüblicherweise arbeiten.

In Wirklichkeit weiß ich, dass ich den ganzen Tag hier liegen und fernsehen möchte. Und Dorsch will ich erst recht nicht. Vor allem aber will ich nicht zugeben, dass ich nicht will, weil ich mich selber so schäbig fühle, weil es so ist. Weil ich nicht beim Hochseeangeln war, weil ich mein Schlafoberteil falsch herum anhabe, weil ich im Vorbeigehen an einem Spiegel finde, dass ich aussehe wie ein Klingone, nur dicker, weil ich im Liegen Nudeln mit Tomatensauce esse, weil ich weiß, dass ich in dieser Körperhaltung ganz bestimmt dabei kleckern werde und es trotzdem lieber darauf ankommen lasse, anstatt mich einfach hinzusetzen. Das Oberteil ist ja eh auf links, von dem Fleck werde nur ich wissen. Und weil mir die Sonne und die gutgelaunten, plappernden, nach Wind, Leben und Dorsch riechenden Leute, die heute schon ganz, ganz viel erlebt haben, von dem sie ihr Leben lang zehren werden, vor die müden Augen führen, dass es so ist.

Gegen Abend schließlich habe ich mich weitgehend regeneriert. Julia meldet sich erst gegen sechs. Sie ruft auf dem Handy an, obwohl sie ein Festnetztelefon hat und ich auch. Bis zu diesem Zeitpunkt war ich an diesem Tag vor lauter Dehydrierung noch kein einziges Mal auf der Toilette, obwohl ich über den Tag verteilt mehrere Liter Wasser getrunken habe. Julia fragt mit einer Stimme, der man anhört, dass sie heute erstmalig verwendet wird, ob ich heute auch noch nicht draußen war. Dann sagt sie, dass sie mich um halb acht abholen würde, und sie würde jetzt mal versuchen, ins Bad zu kommen.

Dann fragt sie, ob mir eigentlich jemals aufgefallen sei, dass es irgendwie unhygienisch klingt, wenn Leute nicht sagen, dass sie »duschen« müssten, sondern dass sie sich »abduschen« müssten, weil das Wort durch das Präfix »ab« so klinge, als ob diese Menschen von einer schmantigen, klebrigen Schicht überzogen wären, die man abspülen müsste. Ich pflichte ihr bei. Dann legen wir auf. Wir müssen uns abduschen.

Wir sind eingeladen. In Julias Auto ist nur der Beifahrersitz frei. Also wirklich nur der Sitz, nicht etwa der Beifahrersitz-Fußraum, in dem Tüten liegen und Kaffeebecher. Hinten ist die Rückbank umgeklappt, weil dort seit Monaten ein paar Sommerreifen liegen. Julia beruhigt mich.

Julia hatte im Laufe des Tages einige Male in eine Emaillewanne, die sie schon seit ihrer Kindheit besitzt, erbrochen und sich anschließend gefühlt wie der ekelhafteste Mensch der Welt. Sie freut sich, als ich sage, sie könne gar nicht der ekelhafteste Mensch der Welt sein, weil diese Position bereits erfolgreich von mir belegt sei. Ich beruhige sie auch.

Wir halten beim Weinladen. Ein kleiner Weinladen mit Holzboden, der knarrt, wenn man reinkommt, wie ein Alt-Berliner-Zimmer. Es ist eine Neueröffnung, der Wein soll super hier sein, haben wir uns sagen lassen. Außerdem kann man hier Keramik-Accessoires mit kleinen, blauen Blüten drauf kaufen und pastellfarbene Geschirrhandtücher mit Stickereien. Der Besitzer ist ein Elsässer mit sehr schlechtem Atem und großem Beratungsdrang, was eine unpassende Kombination ist. In seiner Familie, so erzählt er, wird sogar noch elsässisch gesprochen. Julia und ich sind begeistert und finden den Laden ursprünglich und exklusiv.

Wir verlassen den Laden mit zwei Flaschen elsässischem Grauburgunder mit Honig- und Liebstöckelaromen und zartem Abgang und lassen uns vorher noch auf die Warteliste für ein Weinseminar setzen. Ein Vorhaben, das wir vor nicht allzu langer Zeit noch auf die gleiche Stufe wie die Anmeldung zu einem Seidenmalereikurs gestellt hätten.

Kurz darauf kommen wir bei Antonia und Johannes und ihrer typischen Berliner Pärchen-Wohnung an. Es gibt breite Holzdielen, hohe Decken und ein Durchgangszimmer, das dafür verantwortlich ist, dass das Pärchen bei den Besichtigungen die zahlreichen WG-Gründungs-Aspiranten ausstechen konnte. Die Wohnung beinhaltet mindestens zwei weiße Wandbord-Elemente der IKEA-Serie »Lack«, die aber gleichzeitig das einzige in der Wohnung sein sollen, was als IKEA-Produkt identifizierbar sein darf.

Es ist nicht so, dass WG-Bewohner nicht bei IKEA einkaufen und daher keine »Lack«-Borde besitzen könnten. Es ist nur so, dass sie mit an Sicherheit grenzender Wahrscheinlichkeit niemals den Idealismus und das Durchhaltevermögen eines sich gerade formierenden partnerschaftlichen Haushalts entwickeln werden, die die Energie zur Verfügung stellen, die zur Wandanbringung benötigten gefühlten 15 000 Schrauben der »Lack«-Borde nicht nur zu besorgen, sondern auch noch mit passenden Dübeln zu versehen und in der Wand zu montieren.

In der Pärchenwohnung gibt es außerdem nicht diese in jeder WG vorhandene alte, halbleere Sonnenblumenöl-Flasche aus eingedrücktem Plastik und einem Etikett der Marken »Ja« oder »A&P«, die – egal, wie oft man sie abwischen würde – immer auch Öl an der Außenfläche hat und überall, wo man sie hinstellt, ölige Ringe hinterlässt, was so nervig ist, dass man die fettige Flasche einfach bis zum Auszug gar nicht mehr von der Stelle bewegt. Nicht mal zum Mülleimer.

In der Pärchenwohnung gibt es stattdessen einen Umhängekorb mit Lederschlaufen zum Einkaufen, aus dem nach jedem Einkauf eine Porreestange herausgucken muss. Außerdem gibt es noch den obligatorischen Obstkorb auf dem Küchentisch, der davon erzählt, dass das Paar noch nicht lange zusammenwohnt und noch in der Phase ist, der Außenwelt kommunizieren zu wollen, es sei ein ernährungsbewusstes, farbenfrohes Pärchen, bei dem es gang und gäbe ist, sich beim Rausgehen noch gutgelaunt einen grünen Apfel für unterwegs mitzunehmen. Spätestens aber wenn sich die Fasern einer fauligen Nektarine erstmalig im Rattan-Geflecht verfangen haben, wird dieser Obstkorb verschwunden sein.

Einen guten Anhaltspunkt dafür, ob es sich bei einer Wohnung um eine Pärchen- oder um eine WG-Wohnung handelt, kann auch ein Blick ins Badezimmerschränkchen bieten. Das ist hochgradig verpönt, weil der Besitzer ja nicht umsonst einige seiner Toilettenprodukte in einem nicht einsehbaren Schränkchen verstaut und nicht etwa auf ein Milchglasbord gestellt hat. Trotzdem hat ja jeder Mensch schon mal in ein fremdes Badezimmerschränkchen geguckt, ebenso wie jeder Mensch schon mal in irgendeinem Moment seines Lebens in eine Dusche gepinkelt hat. Meist ist die übertriebene Vorsicht, Dinge im Schränkchen verschwinden zu lassen, sowieso unangemessen, denn man findet fast nur Alltägliches in fremden Badezimmerschränkchen. Schlimmstenfalls Tampons, was ja nun wirklich nicht schlimm ist (das Gegenteil wäre schlimm), in der Besitzerin aber dennoch ein ganz leichtes Peinlichkeitsgefühl erzeugt, ähnlich dem Gefühl, das man hat, wenn man ein Zwölferpack gemustertes Klopapier nach dem Einkauf auf der Straße unterm Arm nach Hause trägt.

Um nicht als dreister Mensch und übler Gast dazustehen, muss man beim Öffnen fremder Badezimmerschränke vorsichtig vorgehen und das entlarvende Geräusch etwaiger herausfallender Tübchen einkalkulieren (es empfiehlt sich daher, den Öffnungsvorgang während des Spülvorgangs der Toilette durchzuführen um eine übertünchende Geräuschkulisse zu schaffen).

Im Badezimmerschränkchen einer Pärchenwohnung gibt es keine personenbezogene Fächerunterteilung. Wozu auch. Man findet ein angebrochenes Päckchen OB-Tampons mit Längsrillen, eine Nachtcreme mit dem Vitamin Q10, die im Moment im Fernsehen stark beworben wird, und zwei Deoroller. Einen pastellfarbenen für Sie von »Rexona« und einen dunkelblauen »Nivea«-Roller für Ihn, weil es anscheinend auf der ganzen Welt überhaupt nur dieses eine Deo für Männer gibt. Dazu der Flakon eines Damendufts, der nur in besonderen Situationen aufgetragen wird und irgendwann nach Schnaps riecht, weil die besonderen Situationen einfach nicht oft genug kamen.

Im WG-Schränkchen liegt eine ausgekippte Schachtel Ohrenstäbchen, die einzelnen Wattestäbchen wurden nur zur Hälfte nachlässig wieder in die Plastikbox eingeräumt und haben sich mit im Schrank befindlichen Wollmäusen vermischt. Daneben steht die Gesichtspflegelinie der »Rossmann«-Eigenmarke »Rival de Loop«, bei der ihre Besitzerin – wenn sie sich freiwillig zu erkennen gibt – nicht müde würde zu wiederholen, dass die bei Stiftung Warentest aber echt super abgeschnitten hätte. Dann ein schmieriger Pott blauer »Nivea«-Creme mit Staub auf dem Deckel und verschiedenen Fingerabdrücken. Schließlich noch ein Deodorant. Genauer ein Deospray. Die Verwendung des Singulars deutet hier die Problematik bereits an. Die Angst des Besitzers vor unbekannten Mitbenutzern ist einfach zu groß, um sich einen Roller anzuschaffen.

Bei Antonia und Johannes gibt es steirische Kürbissuppe vom Hokaido, der ein Ganzjahreskürbis ist und bei dem man ja – ganz anders als bei anderen Kürbissen – die Schale mit verwerten kann. Praktisch, wo da doch zufällig auch die meisten Vitamine drin sind. Der Esstisch ist massiv, aus Eiche und bitte nicht aus Tropenholz, denn das ist oft sehr, sehr schlecht verarbeitet. Es gibt Untersetzer für die Gläser, auf denen Pinup-Girls zu sehen sind. Zierkürbisse auf dem Tisch schaffen eine Herbstatmosphäre.
Wir finden alle, dass der Wein hervorragend schmeckt, und deswegen trinken wir auch rauhe Mengen davon. Dann gibt es Lammkarrees mit Mango-Chutney und Lob für die Köche.

Es fallen die ersten Rezeptanfragen für das persönliche Repertoire, aber keiner guckt deswegen vorwurfsvoll oder macht sich lustig. Das Mango-Chutney wird aus kleinen Einweckgläsern gelöffelt, die separat auf dem Teller stehen. Ein dekorativer Trend, der wahrscheinlich erst dann kein Trend mehr ist, wenn man stattdessen wieder damit beginnt, Paprikapulver edelsüß auf Tellerränder zu streuen.

Zum Lamm einigen wir uns auf einen spanischen Rioja (spanische Weine wurden lange unterschätzt, murmelt einer), von dem alle zunächst einen ersten Schluck nehmen, sich dabei für die grässliche Manieriertheit dieses gemeinsamen, stillen ersten Schlucks schämen, den Wein verlegen im Glas schwenken, als ob wir wüssten, warum man das tut, und dann betreten schweigen, bis irgendjemand etwas über die Qualität des Weines sagt, was alle mit einem dankbaren Kopfnicken quittieren, und ein normales Gespräch langsam wieder möglich ist.

Ich fühle mich an die peinliche Situation erinnert, als ich einmal die Eltern eines Exfreundes kennenlernte, wir gemeinsam essen gingen, im Restaurant eine Flasche Wein bestellten und der Familienvater aus Höflichkeit ausgerechnet mich bat, den Wein zu probieren. Der Kellner schenkte mir daraufhin in offizieller Pose einen Probierschluck ein und blieb, das Flaschenetikett vor mein Gesicht haltend, neben mir stehen. Ich probierte den Wein und alle starrten mich an. Dann nickte ich dem Kellner blöd zu und sagte wahrscheinlich unbeholfen so etwas wie »danke, sehr gut« oder »also, mir schmeckt's«.

Anschließend gibt es bei Antonia und Johannes einen Traum von Tiramisu-Parfait. Wir reagieren geschlossen orgastisch. Irgendwann wird konspirativ grinsend ein »Tabu«-Spiel in den Raum getragen, und die Freude ist groß. Ein Gesellschaftsspiel-Renner der späten 90er-Jahre, der einfach nicht aus der Mode kommen will. Es kommt zum Streit. Antonia findet die Teamaufteilung ungerecht, weil Johannes auf ihre immer wieder hysterisch wiederholte Begriffserklärung »der kleinste der Andenstaaten, der kleinste der Andenstaaten« nicht sofort mit »Ecuador« geantwortet hat. Johannes wiederum fragt berechtigterweise, warum Antonia denn die Antwort »Ecuador« bitte nicht mit »fieser 90er-Jahre-Sommerhit des Dance-Music-Projekts SASH!« erklärt habe. Bei Antonia und Johannes reden wir viel über den Beruf. Ja, es läuft alles ganz gut. Dann auch ein bisschen über die Steuererklärung. Dann gibt es Grappa. Da gibt es ja himmelweite Unterschiede. Dann wieder ein Spiel. Dann sind alle betrunken, und ich will nach Hause. Vielleicht um »noch was vom Sonntag zu haben«.

Sonntage sind immer schlimm. Und weil man sich deswegen darauf einstellt, dass sie schlimm sind, werden sie natürlich auch nie besser. Ein Teufelskreis. Ihr Ruf eilt ihnen einfach voraus. Das Tückische an Sonntagen ist, dass man immer das Gefühl hat, dass sie für alle anderen wunderschön sind und nur man selber eine Depression hat. Man zwingt sich dann, Dinge zu tun, die angeblich schön sein sollen, weil alle das immer behaupten, ohne die Widerlegung dieser Behauptung auch nur ansatzweise zuzulassen, obwohl sie auf der Hand liegt. Man versucht zum Beispiel, in der Badewanne ein »schönes« Buch zu lesen, was ein 30-minütiges Bauchmuskeltraining ersetzt und mit einem welligen Buch und einer Nackenstarre endet. Oder man geht auf den Flohmarkt und hat anschließend das Gefühl, sich 10 Jahre lang reinigen und desinfizieren zu müssen, während andere Menschen dort Dinge sehen und kaufen, die sie tatsächlich besitzen möchten.

Man kann sich auch mit »Ausweitung der Kampfzone« oder anderer morbider Literatur seiner Wahl in den Park legen, bis man den Hundehaufen neben sich riecht, bemerkt, dass man in einer Ameisenstraße liegt oder bis man von einem Frisbee getroffen wird, während alle anderen um einen herum auf karierten Decken Platz genommen haben und sich gegenseitig mit kernlosen Weintrauben füttern.

Am Abend ist mir der »Tatort« zu mühsam, und ich gucke »Das perfekte Promi Dinner«, eine Sendung, bei der sich vier prominente Menschen eine Woche lang gegenseitig zum Essen einladen müssen, und am Ende darf derjenige 5000 Euro für einen wohltätigen Zweck seiner Wahl spenden, dem die anderen die meisten Punkte gegeben haben. Der Begriff des Prominenten ist hierbei ein sehr dehnbarer. Die Prominenten, die beim Promi Dinner teilnehmen, hat in 90 Prozent der Fälle niemals jemand zuvor irgendwo gesehen, sie kommen einem nicht mal entfernt bekannt vor. Auch nicht, wenn man – wie ich – den Boulevard zu Recht zu seinen Bildungs-Steckenpferden zählen darf.

Je unbekannter die Kandidaten des Promi Dinners sind, desto mehr Berufsbezeichnungen werden im Laufe der Sendung unter ihnen eingeblendet. Wenn also eine Teilnehmerin erst »Moderatorin«, dann »Schauspielerin«, anschließend »Model« und schließlich »Schmuck-Designerin« genannt wird und sie dann im Laufe der Sendung noch behauptet, ihr Leben sei eigentlich schon lange die Musik, kann man sicher sein, dass es sich um eine ganz bemitleidenswerte, gescheiterte Existenz handelt, der man die 5000 Euro Preisgeld von Herzen zum Eigenverbrauch gönnt. Den Rest der Sendung fragt man sich, woher diese Menschen, die vielleicht einmal in ihrem Leben im Jahr 1996 die Vertretungsmoderation des Verkehrsservices von Antenne Unna übernehmen durften, Wohnungen haben, die aussehen, als hätte Wolfgang Joop sie sich mit dem Hinweis, er wünsche sich eine Demeure im provenzalischen Landhausstil, errichten lassen, und warum alle Kandidaten ihre Wein- und Biofleischhändler mit Vornamen kennen.

Als die Sendung zu Ende ist, kann ich nicht schlafen, weil ich schon den ganzen Samstag geschlafen habe und den halben Sonntag. Stattdessen esse ich Käsewürfel und rauche im Bett, immer abwechselnd, und sehe dabei aus wie eine der Schwestern von Marge Simpson. Dann schalte ich den Fernseher wieder ein und zappe durchs Programm. Eine gute Uhrzeit zum Fernsehen, die inoffizielle Primetime eigentlich, in der in den dritten Programmen zur Abwechslung mal keine Reportagen über den Münsteraner oder den Leipziger Zoo laufen und auf Kabel1 ausnahmsweise nicht »Curly Sue – Ein Lockenkopf sorgt für Wirbel«.

Ich bleibe bei der Wiederholung einer Nachmittags-Talkshow hängen und freue mich, dass es wieder mal um adipöse Personen geht und darum, ob das nun eklig sei oder sexy und ob Dicke auch obligatorischerweise stinkend faul seien oder ob es sich dabei nur um ein hartnäckiges Gerücht handele. Das Personal der Sendung besteht wie immer aus einer mageren Frau mit blondierten Haaren und vom Rauchen zerfurchtem Gesicht, die mit beleidigt vor dem winzigen Busen verschränkten Armen verkniffen in ihrem Stuhl kauert und es fies findet, wenn man nicht auf seine Figur achtet.

Sie sagt, dass sie das im Freibad auch unheimlich eklig finden würde.

Daneben sitzt breitbeinig ein Bodybuilder im engen T-Shirt, durch das man Brustwarzen-Piercings erahnen kann, und zählt mit Hilfe seiner sich an den Spitzen verjüngenden Finger auf, dass Dicke keinen Sport machen können, außerdem unheimlich stark schwitzen, fressen und sehr träge sind. Aufs Stichwort genau kommt in einem Wahnsinnstempo und zu Shakira-Musikuntermalung unter dem Gejohle des Publikums eine in Übergrößen-Dessous gekleidete, furchtbar fette Frau ins Studio getanzt, wackelt mit dem Po direkt vor dem Gesicht des Bodybuilders und der dünnen Frau, die sich angeekelt abwendet und sich symbolisch einen Finger in den Hals steckt, macht schließlich einen ungelenken Sprung und landet mit ihren dicken, kurzen Beinen im Spagat auf dem Studioboden und nickt bestätigungsheischend, nur um vor dem Bodybuilder den kläglichen Beweis anzutreten, dass Dicke ja sehr wohl sportlich sein können. Anschließend wird sie die Oberweite der mageren Frau »Mäusefäuste« nennen und erklären, dass sie mit ihrer Figur mehr als zufrieden ist, um eine Minute später zu sagen, dass sie aber schon jede Diät ausprobiert habe und dass das bei ihr nun mal einfach eine Frage der Gene sei, womit sie ihre eigene Wohlfühlbehauptung ad absurdum führt.

Ich schalte um zum »Offenen Kanal«, in dem eine Partnersuchsendung läuft, in der sich Singles anpreisen und arme Idioten, die zu der Uhrzeit allein im Bett noch fernsehen, anrufen können, falls sie sich für den gezeigten Single interessieren. Man sieht Silvia, eine 41-jährige Versicherungsfachangestellte mit auberginefarbener Minipli-Dauerwelle und Lippenstift im gleichen Farbton, wie sie erst lachend über eine Wiese rennt, um Vitalität und Lebensfreude auszustrahlen, und dann verspielt auf einem Waldboden sitzt und in Zeitlupe Laub in Richtung Kamera wirft, um so visuell ihren Sinn für Romantik und lange Spaziergänge zu unterstreichen. Dazu hört man ihre blutleere Knödel-Stimme aus dem Off, die sagt, dass sie eine starke Schulter zum Anlehnen suche und dass sie eine Frau sei, die auch gerne mal lacht und mit der man Pferde stehlen kann. Ich muss umschalten.

Jeder, der etwas auf sich hält und will, dass dies auch andere Menschen tun, sollte von Eigenvorstellungen konsequent Abstand nehmen, weil es einfach immer schiefgeht. Dies gilt nicht nur für schäbige Kuppelsendungen auf offenen Kanälen, sondern auch für beruflich relevante Vorstellungsgespräche, bei denen die demütigende Methode der Selbstvorstellungen immer noch gang und gäbe ist.

Ich bin der festen Überzeugung, dass der Antritt einer neuen beruflichen, berufsähnlichen oder berufsvorbereitenden Tätigkeit niemals mit einer Vorstellungsrunde eingeleitet werden sollte, bei der man selber die einzige Person ist, die sich vorstellen muss. Denn ab diesem Moment ist geklärt, wer das Omega-Tier des Unternehmens ist und wer in diesem Unternehmen niemals ernsthaft Fuß fassen wird. Wer einmal mit rotem Kopf vor einer Runde Unbekannter stand, mit seiner Schuhspitze das Muster des Teppichs nachgezeichnet und dabei gesagt hat: »Das Praktikum ist für mich echt eine tolle Herausforderung, ich würde gerne in alle Bereiche reinschnuppern, weil mich echt alles total interessiert, und Fleißaufgaben übernehme ich auch gern, die gehören ja schließlich dazu, und das muss man auch lernen! Sprechen Sie mich also immer gern an!«, der wird ja wohl kaum ein paar Jahre später die Fäden der Firma in der Hand halten und darüber entscheiden, wessen Köpfe rollen.

Während man die Hauptattraktion einer Vorstellungsrunde ist und sich devoten Quatsch reden hört, wächst sich im Kopf die vage Vermutung zum unumstößlichen Faktum aus, dass ein Praktikum wegen solcher unangenehmen Vorstellungsrunden immer der Todesstoß für die anschließende Übernahme in eine Festanstellung sein wird.

Es gibt nichts, was schlimmer, demütigender und heuchlerischer ist als das immergleiche Prozedere einer solchen Vorstellungsrunde. Man selber weiß, dass man sich eigentlich schon ein bisschen zu alt und zu klug fühlt, um vor einer Gruppe Fremder so zu tun, als sei man noch in dem Alter, in dem es einen glücklich macht, anderen Menschen beim Arbeiten »ein bisschen über die Schulter zu gucken«. Dabei weiß man natürlich längst, dass es für einen selbst außerordentlich langweilig ist, jemandem beim Arbeiten über die Schulter zu gucken, und für den anderen sehr störend, wenn ihm jemand beim Arbeiten über die Schulter guckt und dabei warme Luft in seinen Nacken atmet.

Die Vorstellungsrunde tut so, als wolle sie nur, dass alle sich wohler fühlen, in Wirklichkeit aber steckt sie von Anfang an die Hierarchien ab. Denn wieso sonst stellt sich nur der Neue vor, nicht aber die zwanzig anderen Mitarbeiter? Vom Wohlfühlprinzip her wäre das doch viel wichtiger, denn immerhin ist der Neue ja auch der Einzige in der Runde, der sich nicht wohl fühlt.

Ich glaube, dass man beruflichen Erfolg einer Person sehr leicht danach bemessen kann, ob und wenn ja, wie schlimme Selbstvorstellungen dieser Person man bei Google findet. Ich bin sicher, dass Harald Schmidt nie ein Profil hatte, auf dem so etwas stand wie: »Ich spreche deutsch und englisch, koche italienisch, lache britisch und lebe international.« Oder dass Maybrit Illner jemals auf einer Unternehmensseite etwas geschrieben hat, was sich so anhört: »Angefangen hat alles, als ich noch ganz klein war und meine Mutter mir einen Kassettenrekorder mit Mikrophon und Aufnahmefunktion geschenkt hat. Seitdem bin ich allen Leuten hinterhergerannt und habe sie interviewt. Da wusste ich: Journalismus oder gar nichts! Und da war ich natürlich froh, als die Zusage für das Volontariat bei einem Privatsender im Rhein-Erft-Kreis kam.«

Wie stark muss man eigentlich von seiner verpatzten Karriere ablenken wollen, wenn man einen nach Informationen suchenden Internetsurfer mit belanglosen Informationen belästigt wie: »Ich kann nicht leben ohne: Kaffee! Mein größtes Laster: bekennender Schokoholic. Was ich ganz doll mag: das Meer, Frühstück im Bett. Was ich gar nicht leiden kann: intolerante Menschen, Stau auf der A1«?

Ich habe schon etwa zehn Vorstellungsrunden durchstehen müssen, hauptsächlich im unbezahlten Praktikumsbereich. Einmal waren wir drei neue Praktikanten, und der Praktikumswirt war eine Rundfunkanstalt. Immerhin eine, bei der ich mit knallhartem Verhandlungsgeschick ein monatliches Taschengeld herausschlagen konnte.

Eine Redakteurin malte Blumen in ihren Block, weil ihr Einkaufszettel schon fertig war, und ein Redakteur zog diese furchtbare Fratze, die Menschen bekommen, wenn sie versuchen, mit geschlossenem Mund zu gähnen. Ich hatte mein Vorstellungsrunden-Programm schon abgespult und den zum Scheitern verurteilten Spagat versucht, witzig und kompetent zugleich zu erzählen, welches Fach man studiert, welche Praktika und Auslandsaufenthalte man vorzuweisen hat, und sich dabei selbst unheimlich leidzutun, während man trotzdem glaubhaft vermitteln muss, dass dieses doofe Praktikum die interessanteste und größte Herausforderung ist, die man sich in seiner aktuellen Lebenssituation vorstellen kann.

Man erzählt von langjähriger freiberuflicher Tätigkeit bei einer renommierten überregionalen Tageszeitung und hat das schon so oft erzählt, dass man sich selber nur noch ganz dunkel daran erinnern kann, dass man in Wirklichkeit lediglich im Rahmen eines Studienseminars eine Extrabeilage für ebendiese Zeitung mitgestalten durfte, die die geschlossene Abonnenten- und Leserschaft sofort gemeinsam mit den Werbefaltblättern über besonders preisgünstige Rouladen von »Lidl« und Damen-Lederhandschuhe von »Strauss-In-novation« in die Papiertonne neben dem Briefkasten geschüttet hat.

Man lügt nicht. Man spielt mit den Grenzen der Auslegung. Und wenn man in seinen Lebenslauf schreibt, dass man nach dem Abitur mehrere Monate in Lateinamerika mit Straßenkindern gearbeitet hat, dann muss man nicht erwähnen, dass diese Kinder bereits Mitte zwanzig waren und alle gut feiern konnten. Und nach dem volltrunkenen Geschlechtsverkehr mit einem Holländer während eines Kretaurlaubs kann man sich mit ein bisschen Auslegungstoleranz im eigenen Lebenslauf mit Fug und Recht erweiterte Grundkenntnisse der niederländischen Sprache attestieren.

Erleichtert hatte ich meine Ansprache in der Vorstellungsrunde beendet. Mein Mitpraktikant war dran und sagte: »Ich heiße Jörg, und ich muss das Praktikum hier machen für die Uni. Und heute müsste ich was früher los, ich hab um halb fünf Volleyball.« Ich hatte nie etwas Schöneres gehört. Gleichzeitig war ich sauer, dass ich nicht diejenige war, die das gesagt hatte. Ich dachte an mein devotes Bewerbungsschreiben für das Praktikum. Ich wünschte, ich hätte mich mal irgendwann irgendwo mit der Wahrheit beworben. Dann läsen sich viele Bewerbungsschreiben bei mir in etwa so:

Auf der Suche nach einer besseren finanziellen Situation bewerbe ich mich auf Ihre Anzeige, die mir mittels eines nie bestellten Job-Newsletters, der seit Monaten unabbestellbar meinen Mailaccount verstopft, zugestellt wurde. Ich erfülle zwar nur einen Bruchteil der von Ihnen gewünschten, völlig maßlosen Voraussetzungen, interessiere mich auch nur mittelmäßig für den Aufgabenbereich, bewerbe mich aber trotzdem. Dieses Anschreiben habe ich übrigens bereits mehrfach verwendet, ich ändere lediglich die Adresszeile, was denken Sie denn?! Und wenn ich die von Ihnen beschriebenen Aufgaben hundertmal besser erfüllt habe als der dicke Kollege mit den beigefarbenen Cordhosen, der diese im Moment noch im Rahmen seiner Möglichkeiten zu erledigen versucht, werden Sie bestimmt vergessen haben, dass ich in meinem Lebenslauf behauptet habe, dass ich fließend Spanisch spreche. Ich habe Ihr Interesse geweckt? Super! Rufen Sie mich an! Ich würde mich freuen, Ihnen in einem persönlichen Gespräch mehr über mich zu erzählen. Weitere Informationen entnehmen Sie dem beigefügten geleimten Lebenslauf und dem Aktenkoffer mit Praktikumsbescheinigungen. Ich hoffe, Ihre Mutter hat

Ihnen beigebracht, dass man sich auf nette Briefe und Anfragen ebenso höflich zurückmeldet.
Mit freundlichen Grüßen.

Eigentlich sehen alle Bewerbungen doch fast identisch aus. Ich habe bei Freundinnen herumgefragt, und unsere Bewerbungen scheinen sich exakt gleich anzuhören oder nur in der Adresszeile oder ganz selten im knallenden, fesselnden Einstiegssatz geringfügig zu variieren. Sogar die den Bewerbungen beigefügten Fotos sind sich sehr ähnlich: Man lächelt und versucht dabei, eine Kombination aus Lebensfreude und Lockerheit bei gleichzeitiger Ernsthaftigkeit und Fachkompetenz auszustrahlen. Ein noch unnatürlicherer Gesichtsausdruck passt nicht auf wenige Zentimeter.

Aus Mangel an Passbildern prangt seit einiger Zeit ein ursprünglich für Bewerbungen gedachtes Foto auf meinem Personalausweis. Eine Tatsache, die dazu führte, dass ich in einem Sommer mal für zwei Stunden in einem türkischen Flughafengebäude festgehalten und vom schnauzbärtigen Bodenpersonal an der Ausreise gehindert wurde, weil man mich auf dem Bild nicht erkannte. Als ich meiner Mutter diese Geschichte erzählte, sagte sie, ich solle ihr mal meinen Ausweis zeigen. Dann betrachtete sie lange das Foto und sagte schließlich, dass sie diesen seltsamen Gesichtsausdruck an mir in ihrem gesamten Leben noch nie gesehen habe.

Fast immer kommen in Bewerbungen das Wort »Herausforderung« und die gleichen blöden, anbiedernden Formulierungen vor. Und jeder, den ich kenne, schämt sich schon während er sie aufschreibt. Allerdings kenne ich andere Bewerbungen nur vom Hörensagen, denn Bewerbungsunterlagen gehören heute zu den Dingen, die man sich nur ungern gegenseitig zeigt.

Säße ich in der Personalabteilung eines Unternehmens, würde ich trotzdem nur die Leute mit den 08/15-Bewerbungen zum Gespräch bitten und als Erstes die Menschen unwiderruflich aussortieren, die unkonventionelle Bewerbungen mit fetzigen Bewerbungsbildern einreichen, auf denen sie entweder (wie Anfang der 90er Jahre modern) mit dem Körper seitlich ins Bild ragen, um einen völlig konstruierten Effekt von Dynamik zu erzeugen oder aber wenn ihre Bewerbung mehrere Schwarzweiß-Bilder im Querformat zieren, auf denen sie die eine Hand in Denkerpose in Kinnhöhe am Gesicht haben, nachdenklich auf dem Bügel einer Hornbrille kauen und auf dem nächsten ausgelassen lachen, um so ihre Vielseitigkeit und ihren Facettenreichtum zu unterstreichen.

Wenn ich meine Freundin Bianca bitten würde, mir doch bitte mal, einfach nur der Inspiration halber, die Bewerbungsunterlagen ihres letzten Jobs zu zeigen, dann ist das ein bisschen so, als würde ich sie bitten, mir mal kurz ihre getragene Unterhose zum persönlichen Eigenvergleich zu reichen. Privater geht's ja wohl nicht. Ich würde in ihren Unterlagen wahrscheinlich zu lesen bekommen, dass ihr Studienjahr in Spanien und die dort besuchten Seminare und Vorlesungen maßgeblich dazu beigetragen haben, sie endgültig von der Idee eines auch verfassungstechnisch vereinten Europas zu überzeugen, welches aktiv mitzugestalten seitdem ihr allergrößter und innigster Wunsch sei.

Die Fotos ihres Studienjahres sprechen eine deutliche Sprache. Und eine andere: Bianca hat in ihrem gesamten Austauschjahr so gut wie keinen einzigen Spanier zu Gesicht bekommen, stattdessen aber ganz viele skandinavische, italienische und deutsche rüpelhafte Erasmus-Studenten. Bianca spricht seitdem Spanisch mit italienischem Akzent, das merkt aber kaum jemand, der nicht selber Spanisch spricht. Sie kann jetzt endlich den vollständigen Text von »Se bastasse una canzone« ihrer Jugendliebe Eros Ramazotti auswendig, da werden viele sagen »Na und?! Kann ich auch!«, aber sie kann sogar den Refrain! In Originalgeschwindigkeit und an guten Tagen sogar noch schneller. Und das macht sie auch auf jeder Party vor. Ob jemand darum gebeten hat oder nicht.

Als ich Bianca während ihres Auslandsjahres in Spanien besuchte, war sie bereits fünf Wochen dort, und wir haben uns auf dem Weg zu ihrem Institut verlaufen. Das konnte man Bianca nicht verübeln, denn Madrid ist eine sehr unübersichtliche Stadt, und Bianca war zuvor immerhin erst zwei Mal am Institut.

Wie der Redakteurskreis in der Rundfunkanstalt während der Vorstellungsrunde geguckt hat, als der Mitpraktikant sagte, dass er um halb fünf zum Volleyball müsse, das weiß ich nicht mehr. Aber ich weiß noch, was die dritte Praktikantin gesagt hat, als sie mit der Selbstvorstellung dran war. Sie sagte, dass sie Stephanie hieße. Dabei betonte sie, dass sich ihr Name mit »ph« und nicht etwa mit »f« schriebe, als würde das irgendjemanden interessieren, als würde sich irgendjemand ihren Namen merken oder als würde sie das irgendwie exotischer machen. Dass sie in Hagen geboren wurde, sagte sie, und dass sie dort für ein lokales Blatt bei jeder gottverdammten »Kaninchenzüchterversammlung« vor Ort dabei gewesen sei (dieser Vergleich wird in journalistischen

Selbstdarstellungen gerne herangezogen und ist ein piefiger Kniff, um seinem Gegenüber zu verdeutlichen, dass man ganz klein angefangen hat, dass man mit Engagement und Herzblut dabei und sich für nichts zu schade ist).

Dann erzählt Stephanie, dass sie früher Chefredakteurin einer Schülerzeitung gewesen sei, die »Sprachrohr« hieß und anfangs noch für einen geringen, also einen wirklich geringen Preis verkauft, später dann nur noch am Haupteingang der Schule vor Schulbeginn verschenkt und dann doch irgendwann zum großen Bedauern aller vier Redaktionsmitglieder ganz eingestampft wurde. An das »Sprachrohr« erinnert heute nur noch ein symbolisches Kreuz am Eingang des Gymnasiums, wo die Redaktion die Schülerzeitung symbolisch zu Grabe getragen habe, und man könne aus dem Umgang der Schülerschaft mit dem »Sprachrohr« aber durchaus den Umgang der heutigen Jugend mit Medien und Mediennutzung im Allgemeinen wunderschön exemplarisch ablesen. Danke, Stephanie.

Die Redaktionsrunde glotzte ein bisschen irritiert und belustigt. Stephanie war Opfer einer Vorstellungsrunde geworden. Der gähnende Redakteur mit der randlosen Brille machte einen doofen Witz. Alle lachten. Vor Erleichterung, schwindender Anspannung und vor Freude darüber, dass die Vorstellungsrunde vorbei war, lachte auch Stephanie. Sie hatte gar nicht gemerkt, dass der Witz auf ihre Kosten ging. Ich lachte bestimmt auch ein bisschen. Der dritte Praktikant lachte nicht. Der schaute auf die Uhr. Der wollte zum Volleyball.

Gerne würde auch ich einmal eine »Generation« ausrufen. Einfach nur so, weil es mir Freude machen würde, so zu tun, als wäre ich in der Lage, für all meine Altersgenossen sprechen zu können. Leider weiß ich aber immer noch nicht genau, was eine Generation eigentlich sein soll. Eine Altersgemeinschaft? Alle Mitglieder einer Altersgemeinschaft? Die Hauptbewegung einer bestimmten Altersgemeinschaft, falls diese zu ermitteln sein sollte? Oder reicht es dafür, eine »Generation« auszurufen, wenn nur die Leute, mit denen man selber alltäglich zu tun hat, ihre Lebenssituation in bestimmten Teilen ähnlich finden?

Sind wir schon eine »Generation«, wenn wir behaupten, dass wir alle den Film »Pulp Fiction« toll fanden, obwohl nur ein sehr kleiner Prozentsatz ihn überhaupt verstanden haben dürfte? Oder sind wir schon eine Generation, weil fast niemand, der heute 30 ist, in der Lage ist, an einer Flasche »Berentzen Saurer Apfel« auch nur zu riechen, weil man sofort daran denken müsste, wie man das Getränk mit sechzehn jeden Samstag erbrach?

Und zu wie vielen »Generationen« darf man eigentlich gleichzeitig gehören? Darf ich noch Mitglied der »Generation Praktikum« sein, wenn ich doch eigentlich schon der »Generation Elite« angehöre, oder überlagert sich das irgendwie ungünstig mit meiner Existenz als Mitglied der »Generation Umhängetasche« oder der »Generation Doof«? Ist es so, wie man schließlich auch gleichzeitig Deutsche, Berliner, Hobbykoch und SPD-Mitglied sein kann? Und vor allem: Ist es eigentlich überhaupt eine Frage des Alters, zu einer bestimmten »Generation« zu gehören, oder nicht eher eine Frage der Lebensweise?

Ich habe einen netten Nachbarn, den ich sehr mag. Er hat neulich nachts betrunken einem anderen Nachbarn, den wir beide nicht mögen, einen ganzen Döner durch den Briefschlitz in seinen Briefkasten gesteckt. Das hat sehr lange gedauert, hat er gesagt, aber ihm hat jede Sekunde gefallen. Außerdem steht der nette Nachbar manchmal auf seinem Balkon, nutzt den hervorragenden Hall unseres Hinterhofs und macht überzeugend Papst Benedikt nach. Manchmal gehen wir zusammen essen, nur weil wir uns nett finden und uns gerne unterhalten. Der Nachbar ist gerade 45 geworden und gehört demnach nicht meiner Generation an.

Ich glaube trotzdem, dass mein Nachbar und ich eher einer Generation angehören als ich und die etwa gleichaltrige blondierte Frau, die ich neulich im Baumarkt beobachtet habe, als sie ihren stumpfen Freund mit Möhrchenjeans und Oberlippenbart angeherrscht hat, dass es sehr wohl lustig sei, sich für das Badezimmer der gerade im Elternreihenhaus am Stadtrand für das junge Glück ausgebauten ersten Etage einen Plexiglas-Toilettendeckel mit eingearbeitetem Stacheldraht anzuschaffen. Und zwar rasend komisch!

Falls also doch noch einmal der Tag kommt, an dem mich jemand bittet, eine Generation auszurufen, die zumindest auf mich und die Menschen passt, mit denen ich mich alltäglich umgebe und die sich in der gleichen Situation wie ich zu befinden glauben und daher auch meist einer ähnlichen Altersgruppe angehören, dann würde ich mich geehrt fühlen, der Aufforderung sofort Folge leisten und gern den Begriff »Generation Vorstellungsrunde« prägen wollen.

Weil jeder, der dazuzählen würde, auch genau wissen würde, dass er dazugehört. Weil so viele Vorstellungsrunden aus einer Reihe relativ gut qualifizierter, nicht so doofer Menschen verschreckte, unterbezahlte Dauerpraktikanten macht, die sich in erwachsenem Alter immer noch fühlen, als müssten sie vor der gesamten Klasse und der grässlichen Deutschlehrerin mit dem Pferdegebiss »Herr von Ribbeck auf Ribbeck im Havelland« vortragen und hätten nicht geübt. Man weiß, es geht schief. Man weiß nur noch nicht, an welcher Stelle.

»Was haben Sie denn schon so gemacht?«

Besorgt war man eigentlich nie. In der Schule reichte die Pla-nung nur bis zum Abitur, in der Wahl des Studienfachs entschied *man nach grober Interessenlage und merkte dann ziemlich schnell: Seminararbeiten kann man auch betrunken schreiben.*

Beim Joggen auf dem Sportplatz in Prenzlauer Berg machte ich einen Schlenker und scherte aus Bahn drei aus. Die Neu-gier, zu wissen, ob es sich noch genau so anfühlt wie früher, war einfach zu groß. Dann nahm ich Anlauf und rannte auf die Weitsprunggrube zu. Wie damals in der Schule, als man Sport noch deswegen machte, weil man es nun mal musste, nicht weil man Bandscheibenvorfällen vorbeugen wollte.
Mir wurde bereits beim Anlaufsprint klar, dass ich über die Jahre noch unsportlicher geworden sein musste, als ich es oh-nehin damals schon war. Beim Sprung erreichte ich das Kies-bett nur knapp. Außerdem hatte ich übertreten.
Tatsächlich fühlte ich mich genau so wie früher. Eine unange-nehme Erinnerung an schulischen Leichtathletikunterricht: das Wissen darum, gerade eine Tätigkeit auszuüben, für die man gänzlich ungeeignet ist und es auch trotz Trainings auf immer bleiben wird. Dazu die Erinnerung an die sich völlig natürlich einstellende Renitenz, einfach nicht das tun zu wol-len, was eine drahtige Frau mit lederner Haut, Kurzhaar-schnitt, Multifunktionsweste und Stoppuhr um den Hals von einem erwartet, die Blicke der Herumstehenden, die Erinne-

rung an die zwei anderen Schüler, die gleich nach dem Sprung ein Maßband an die Grube mit den Fußabdrücken hielten und laut das Ergebnis einer Distanz ansagten, die andere Menschen im Hochformat zu springen in der Lage sind.

Was sich außerdem immer noch ganz genauso anfühlte wie früher, war der Sand in den Schuhen, den ich in einem kleinen Häufchen auf den rostroten Sportplatzboden goss, woraufhin ein Platzwart in einem ausgebeulten Jogginganzug aus fliederfarbener Ballonseide aus seiner Aufseherhütte schnellte und mich sofort einmal quer übers ganze Gelände grob zurechtwies.

Ich bin froh, dass die Zeiten vorbei sind. Manchmal wache ich morgens auf und freue mich, dass ich nicht mehr zur Schule gehen muss. Und das, obwohl ich ohne nostalgische Verklärtheit behaupten kann, zumindest meinem Empfinden nach in der Schule bei Mitschülern und Lehrkörper gleichermaßen eine einigermaßen beliebte Schülerin gewesen zu sein. Eine im soliden Mittelmaß zwar, die sich trotzdem aber nie ernsthafte Sorgen um das Nichtbestehen des Abiturs machen musste.

Eine Schülerin dennoch, deren Stärken laut Zeugniskopfbewertungen vorwiegend im schriftlichen Bereich gelegen hätten und die zu mündlicher Mitarbeit immer wieder ermuntert werden musste. Ein Blick in meine rosafarbene Zeugnismappe mit Wolkenprint attestiert außerdem die »Übernahme freiwilliger Dienste innerhalb des Klassenverbands« sowie ein sicheres Blockflötenspiel, mit dem ich einen unersetzbaren, festen Pfeiler des schulischen Musikunterrichts darstellte.

Ein Senkrechtstart, zumindest auf den ersten Blick. Der erste

Rückschlag ließ jedoch nicht lange auf sich warten. Es stand die Klassensprecherwahl der 4 b oder 5 b an. Der Dramatik halber wird diese Passage im historischen Präsens erzählt:

Von zahlreichen Kandidaten können sich genau zwei Anwärter mittels aufdringlichen Fingerschnipsens als Favoriten hervortun, die nun in einer Stichwahl gegeneinander antreten. Einer von ihnen bin ich. Der andere Kandidat heißt Judith, die ich bis zu diesem Zeitpunkt für eine eher mäßig beliebte Mitschülerin halte.

In einem an US-amerikanische Vorwahlen erinnernden Wahlkampf kann ich mich im Stechen nicht gegen die Gegnerin durchsetzen und gehe als deutlicher Verlierer aus der Klassensprecherwahl hervor. Auf den Schock folgen verbales Umsichschlagen sowie wahllose Schuldzuweisungen.

Ich zweifle die Legitimität der Stimmabgabe an, da die Namenszettel nicht in Wahlkabinen beschriftet und in uneinsehbare Urnen gesteckt wurden, um eine geheime Wahl zu ermöglichen. Stattdessen bleibt die Wählerschaft zur Wahl an ihren dunkelgrünen, nach »Ata«-Reinigungspulver riechenden Tischen sitzen, schützt ihre Abstimmungszettel höchstens durch notdürftig aufgestellte Federmäppchen oder zu Bushäuschen geformte Hände vor fremden Blicken, und die Wahlzettel werden in Frau Werners oller Wollmütze gesammelt.

An der Tafel faltet anschließend ein Schüler einen Zettel nach dem anderen auseinander – ein Job, der sich immer großer Beliebtheit erfreute – und spricht den auf den jeweiligen Zetteln stehenden Kandidatennamen laut und psychosadistisch langsam aus, oft sogar mit einem vorherigen kessen Blick ins Plenum, damit ein weiterer Schüler unter dem jeweils vorgelesenen Namen einen Strich an der Klassentafel machen kann, um auf diese Weise denjenigen als Sieger zu ermitteln, der die meisten Striche unter seinem Namen verzeichnen kann, nachdem alle Zettel aus der Wollmütze gezogen und verlesen wurden. Nicht durch Zufall erinnert dieses Prozedere an das Galgenmännchenspiel.

Trotz eines machiavellistisch geführten Kampfes kann ich bei der Wahl nur eine einzige Stimme auf meinem von Lara L. (Tafeldienst) akribisch geführten Strichlistenkonto verbuchen. Als ob das nicht demütigend genug wäre, wird später der Klassenkamerad, der bei der Wahl die Zettel auseinanderfaltete und die daraufstehenden Namen verlas (Niklas M.), behaupten, auf diesem einen Stimmzettel, der sich für mich als neue Klassensprecherin aussprach, meine eigene Handschrift erkannt zu haben.

Selbstverständlich wurde diese Vermutung postwendend an die große Glocke gehängt. Anschließend weigert sich Schulkamerad Mario K. wenige Wochen später bei einer routinemäßig anberaumten Neuverteilung der Klassensitzordnung der 4 b, weiterhin mein Sitznachbar zu sein, und lässt sich mit der fadenscheinigen Begründung, ich würde zu laut kopfrechnen, umsetzen.

Ich ziehe anschließend zum ersten Mal einen Schulwechsel ernsthaft in Betracht, verwerfe diesen Gedanken aber aus Liebe zu einem Mitschüler. Ich finde zwar, dass er nicht besonders gut riecht und außerdem eine miserable Rechtschreibung hat, dafür ist er aber der Beste in Weitsprung und hat eine weiße Levi's-Jeans.

Später wird der Junge in einem schüchternen Zwiegespräch durch Zufall und aus Mangel an sonstigen Themen auf meine Gesprächsanregung »coole Hose …« erwidern, dass die Hose nicht ihm, sondern seinem großen Bruder gehört und er sie nur gegen eine Gebühr von fünf Mark am Tag entliehen hat, was meinen Empfindungen zu ihm den Todesstoß geben und schließlich zur endgültigen Trennung führen wird, die meine Freundin Karoline telefonisch für mich vollzieht.

Wie eine zum Sterben bereite Katze wird sich der verschmähte Junge ins Gerätelager der Turnhalle verziehen. Er wird eine Zeitlang behaupten, sich demnächst eventuell das Leben nehmen zu wollen, dann wird er tausendmal hintereinander »End of the road« von der mittlerweile im musikalischen Orbit verschwundenen Formation »Boys to men« hören, sich deren Bandnamen zu Herzen nehmen, anschließend gestärkt und reifer aus seinem Leid aufsteigen und sich dann sehr schnell anderweitig orientieren, als ob zwischen uns nie etwas gewesen sei.

Das lief damals halt so. Es war einfach. Ich habe eine Freundin, die ihren ersten Freund im frühen Teenageralter nach einer Unterhaltung verlassen hat, in der er zufällig erwähnt hatte, dass er noch nie in seinem Leben davon geträumt habe, fliegen zu können. Da ja der Traum vom Fliegen einen Topos der eigenen Nächte sowie der gesamten anglophonen Musikkultur darstellt, die in Teenagertagen eine nicht zu verachtende Inspirationsschablone für die eigene Gefühlswelt war – zumindest, wenn man den korrekten Text verstand –, war die Sache für sie sofort gelaufen. Ein Mensch, der nicht weiß, was gemeint und zu fühlen ist, wenn beim Klammerblues zu »Sailing« von Rod Stewart die Textzeile »I am flying« kommt, war als eigener Partner natürlich kurz- sowie langfristig undenkbar. Was für ein unsensibler, was für ein tumber Mensch.

Eine andere Freundin verließ ihren ersten Freund erbarmungs- wie diskussionslos, nachdem er sich bei einem Treffen in der elterlichen Küche erst eine tiefgekühlte Thunfisch-Pizza zubereitete und dann auf ihrer gemusterten Schlafcouch mit ihr knutschen wollte, ohne sich zuvor die Zähne geputzt oder auch nur einen Schluck Wasser getrunken zu haben. Sie ekelte sich nun mal vor Fisch. Kollateralschäden mussten in Kauf genommen werden, wenn man seinen Prinzipien treu bleiben wollte.

Nicht zu vergessen die Freundin, die im Urlaub zum ersten Mal mit einem gerade erst beim Abspüldienst in den Sanitäranlagen eines spanischen Campingplatzes kennengelernten Jungen das hatte, was in der »Bravo-Girl« unter dem Stichwort »Petting« subsumiert wurde. Als sie die Initiative ergriff (was den Mädchen in der »Bravo-Girl« stets dringend angeraten wurde, um so die Kontrolle über die Reichweite des gesamten Liebesakts in den eigenen Händen zu behalten) und dem Jungen das Unterhemd aus der Hose ziehen wollte, klemmte es fest. Sie zog also immer fester am weißen Rippstoff, bis die vage Vermutung sich zur grausamen Feststellung auswuchs, dass der Junge kein Unterhemd, sondern einen Body aus weißem Feinripp trug. Es folgte ein kurzer Blickkontakt zwischen der Freundin und dem Jungen. Der entgeisterte Blick der Freundin traf das feiste Grinsen des Jungen, in dem die Freundin Stolz auf das unmännliche gerippte Kleidungsstück abzulesen meinte.

Natürlich konnte sich diese noch taufrische Liebesbeziehung nach einem solchen Vorfall niemals mehr stabilisieren, was (auch aus heutiger Sicht) eindeutig ihm und nicht ihr vorzuwerfen ist.

Es ist natürlich nicht alles so einfach geblieben, wie es im noch sehr zarten Teenageralter war. Mit voranschreitendem

Alter durfte man sich in Beziehungen schon deutlich mehr erlauben bzw. musste deutlich mehr bei anderen durchgehen lassen, ohne sofort zu rigorosen Mitteln zu greifen und sich das Problem in Sekundenschnelle vom Hals zu schaffen. Man machte nicht mehr sofort Schluss, wenn der Partner sich aus dem Sommerurlaub kein einziges Mal meldete und dann als versöhnendes Geschenk eine an einem speckigen Lederband befestigte Eso-Muschel mitbrachte und sie sich, nachdem man sie zu tragen höflich ablehnte, einfach selber um den Hals knotete.

Zwar gab es auch damals schon immer diese Pärchen, die sich bereits mit vierzehn kennen und lieben gelernt hatten und bei denen man schon damals ganz sicher war, dass sie höchstwahrscheinlich ewig zusammenbleiben und demnächst eine Handvoll dicker, rotgelockter, altkluger Kinder bekommen würden. Nur selten täuschte man sich. Bei diesen Paaren hatte auch niemand »Bist du wahnsinnig geworden?!« geschrien, als sie erst zusammenzogen, dann eine gemeinsame Einbauküche kauften und schließlich in der Wohnung gemeinsam mit fachmännischer Miene Wände abklopften und über einen Wanddurchbruch sprachen, um im wahrscheinlichen Falle der familiären Vergrößerung die Nachbarwohnung gleich noch mit anzumieten.

Der Normalfall war das aber nicht. Wenn man in den eigenen späten Teenagerjahren oder den frühen 20ern mit jemandem zusammen war, der wirklich nett und ausnahmslos toll war, schwang bei aller Euphorie und Verliebtheit zwischendurch auch fast eine Art Trauer oder Endzeitstimmung mit, und man wünschte sich, diese Person doch einfach erst in einigen Jahren kennengelernt zu haben, weil man wusste, dass die Wahrscheinlichkeit ob des eigenen jungen Alters klein war, dass man mit dieser Person auf Dauer zusammenblieb.

Immer gab es früher außerdem diese Konstellationen, in denen absichtlich und ab der ersten Minute deren zeitliche Begrenzung mitschwang. Beziehungen, die es überhaupt niemals gegeben hätte, wenn man selbst keinen Liebeskummer oder ein vergleichbares emotionales Formtief gehabt hätte, und deren zeitliche Begrenzung gleichzeitig ihre einzige Legitimation war. Übergangsmodelle, die die Trennung von einer anderen Person erträglicher machen sollten. Partner, die dazu da waren, einen selbst möglichst schmerzreduziert aus einer anderen, im Verschwinden begriffenen Beziehung hinauszubegleiten. Menschen, mit denen man zusammen war, nur um in ihrem Kielwasser eine Weile mitzufahren, bis es einem selber wieder ein bisschen besserging.

Das damalige Wissen darum, dass die aktuellen eigenen Partner und die Partner von Freundinnen meist eh nicht die Menschen sein würden, mit denen man selber sich nun ein Leben lang herumschlagen muss, machte außerordentlich tolerant. Man wusste, dass man die Marotten bestimmter Menschen nur eine Zeitlang ertragen muss und diese Leute dann auf Nimmerwiedersehen wieder aus dem eigenen Leben verschwinden würden. Man regte sich daher nicht auf, wenn eine Freundin plötzlich am Ende des Arms einen Mann hinter sich herzog, der einen dämlichen Dialekt sprach, jeden Witz erst fünf Minuten später als alle anderen verstand und dazu aber ein Ego wie Oliver Kahn und Claudia Effenberg in Personalunion hatte.

Man gab ihnen einfach ein halbes Jahr Zeit und wusste, dass sich die Sache früher oder später erledigt haben wird und man dafür aber das gute Recht und genug Material hatte, die

Freundin noch jahrelang mit der Erinnerung an diese Person zu ärgern. Julia muss sich auch heute noch bei jeder sich bietenden Gelegenheit an diesen fürchterlichen Doktoranden erinnern lassen, dessen SMS mehr aus Smileys als aus Text bestanden und der in seiner Wohnung über seinem Mülleimer einen kleinen Basketball-Korb befestigt hatte, aus dem Applaus ertönte, wenn er Müll hineinwarf. Ein Mann, der seine Freundinnen gern bei Kerzenschein mit Körperöl aufdringlicher karibischer Duftnoten einrieb und der – als Julia zum ersten Mal mit ihm Kaffee trinken war – die Bedienung fragte, ob er in seinen Milchkaffee vielleicht noch einen Schuss Sirup der Geschmacksrichtung Macadamia oder Karamell bekommen könne. Als sie das erste Mal stritten, sagte er: »Du bist so schön, wenn du sauer bist!« Es war vorbei.

Natürlich blieb es auch früher, mit Anfang 20, nicht aus, dass man selber das ein oder andere Mal die unschöne Rolle einer Übergangsperson einnahm und plötzlich von heute auf morgen abgesägt wurde, obwohl man selber gerade im Begriff war, das Gefühlsstadium zu erreichen, in dem man das geerbte Silberbesteck plötzlich behalten und doch nicht verscherbeln will.

In diesem Alter allerdings konnte man sich noch voll und ganz auf seinen reinen, unverfälschten Liebeskummer und ein zerschossenes Ego konzentrieren. Freundinnen waren verpflichtet, einen jeden Abend zu unterhalten und einem in allem, was man redete, recht zu geben. Auch dann, wenn man etwas sagte, was man im nächsten Moment sofort widerrief und gegen eine völlig entgegengesetzte Meinung ersetzte. Wenn man unbedingt wollte, durfte man auch bei den Freundinnen übernachten. Wenn es sein musste sogar, wenn der

Freund der Freundin auch zugegen war. Man hatte das Recht, sich über einen großzügig bemessenen Zeitraum permanent danebenzubenehmen. Wenn sich jemand dazu herabwürdigend äußerte oder dieses Verhalten womöglich sogar kritisierte, heulte man einfach und sagte mit bebender Unterlippe, es ginge einem nun mal momentan nicht gut.

Man konnte in Karaoke-Bars »Unchained Melody« aus dem Film »Ghost – Nachricht von Sam« singen, das Lied und den eigenen Gesang dabei völlig ernst meinen, der finale Refrain durfte auf Knien und mit geschlossenen Augen gesungen werden, und niemand der Anwesenden durfte lachen oder gehen oder vor anderen Menschen die freundschaftliche Zugehörigkeit verleugnen.

Natürlich glaubte man auch schon damals bei Liebeskummer den Leuten nicht, die einem zwischendurch betont freundschaftlich-locker und immer ein bisschen zu doll in den Oberarm knufften und sagten, das zermürbende Gefühl, das man mit sich herumtrug und das einen sicher sein ließ, die hässlichste und unliebenswerteste Person der ganzen Welt zu sein, würde schon irgendwann vorbeigehen. Und natürlich wünschte man schon damals jeder Person eine ausgewachsene Akne conglobata, fünf GEZ-Mitarbeiter vor der Haustür und das gleiche Schicksal wie dem Touristen in diesem einen Youtube-Video, der auf einer Eselweide mit heruntergelassener Hose auf einen geschlechtsreifen Esel trifft, wenn sie einen mitleidig anguckten und behaupteten, sie wüssten ganz genau, wie man sich selber gerade fühlt.

Denn natürlich ging es einem bedeutend schlechter und völlig anders als Millionen anderer Menschen, die schon einmal verlassen wurden und die Trauerarbeit allein zu verrichten hatten, weil niemand anders schnell genug zur Stelle war.

Heute, mit Ende 20 oder Anfang 30, hat man natürlich auch noch Liebeskummer, und betrüblicherweise benimmt man sich in diesem Fall immer noch erschreckend ähnlich wie noch vor einigen Jahren. Eine weitere Enttäuschung des Erwachsenseins: Man trägt nicht nur mit 30 noch Haarreifen und Chucks, sondern man steht auch mit Haarreifen und Chucks immer noch vor den Wohnungstüren von Menschen, die einem explizit und mehrfach gesagt haben, dass man gerade im Moment die letzte Person ist, mit der sie sprechen geschweige denn die sie sehen möchten, und klingelt Sturm, um das zu bereden, was nicht mehr zu bereden ist.

Der einzige Unterschied zu früher ist vielleicht der, dass man mittlerweile mit dem eigenen Auto zu diesen Menschen fährt und dazu nicht mehr die U-Bahn nehmen muss.

Diese Situationen wird es wahrscheinlich leider auch noch in dreißig Jahren geben. Auch dann wird man noch nachts das Handy von betrunkenen Freundinnen konfiszieren müssen und sagen, es sei zu ihrer eigenen Sicherheit und außerdem ein Schritt, den sie spätestens morgen als echten Freundschaftsdienst anzuerkennen bereit sein werden.

Auch dann nämlich wird es noch diese Abende geben, an denen Freundinnen einen den ganzen Abend lang überzeugen, dass man vollkommen im Recht sei und sich bei dem doofen Menschen, der einen gerade schlecht behandelt hat, nie wieder melden darf, und wenn es jemals wieder zu einem Kontakt kommen sollte, dann müsste der sowieso von ihm ausgehen, und ihm müssten Blumenbouquets und Karten für die Oper vorausgeschickt werden. Man würde den Freundinnen recht geben, sich kämpferisch zeigen und selbst überzeugt sein von dem eigenen längeren Atem.

So lange zumindest, wie man sich in der Gesellschaft der Freunde befindet. Sobald man dann die letzte Freundin an der Ecke verabschiedet, versehentlich ein bis drei blöde Lieder auf dem iPod gehört hat und durch zwei dunkle Straßen gelaufen ist, sind die Früchte der Überzeugungsarbeit dahin, und ehe man sich versieht, hat man versehentlich schon die verbotene Nummer gewählt und heult auf eine Mailbox. Natürlich nicht ohne zehn Minuten später noch mal anzurufen, Schimpfwörter zu benutzen und den gesamten vorherigen Mailboxspruch zu widerrufen, was natürlich nichts ungeschehen, sondern alles noch schlimmer macht. Anschließend hat man keine großen Wünsche mehr, außer vielleicht eine Handamputation und eine attraktive Affäre.

Trotzdem hat sich der heutige Liebeskummer im Gegensatz zum früheren verändert. Es kommen immer mehr Nebenschauplätze hinzu, die es früher nicht gab und die man nicht in sein Handeln und sein Denken mit einbeziehen musste: Heute ist man im Falle einer Trennung nicht mehr nur allein und hält sich kurzzeitig für den hässlichsten und unliebenswertesten Menschen der Welt, sondern es fehlt die Gewissheit, dass auf jeden Fall ziemlich schnell jemand nachrücken würde, wenn man selbst es denn wollte. Heute mischen sich dem Liebeskummer immer auch rein pragmatische Aspekte bei: Man ist im Trennungsfall noch mehr allein, als man es früher war, denn es ist nicht mehr klar, dass die beste Freundin früher oder später schon auch wieder Single sein wird und dass sie – setzte man ihr die Pistole auf die Brust – sich immer eher für die beste Freundin als für den Partner entscheiden würde.

Um einen herum werden Kinder gezeugt oder WGs aufgelöst oder beides in einem Aufwasch. Gleichzeitig merkt man, dass es ein sehr nüchterner Nachmittag werden kann, wenn man in dem Café gleich neben dem Mauerpark in Prenzlauer Berg ein Spiel spielt, bei dem diejenige einen Schnaps ihrer Wahl auf Kosten der anderen trinken darf, die als erstes einen annehmbar aussehenden Mann passenden Alters sieht, der ohne Kinderwagen oder Baby-Erbrochenes auf der Schulter vorbeikommt.

Wer Single ist, wird mit 30 nicht mehr um seine Freiheit und seine Verpflichtungslosigkeit beneidet. Es wird plötzlich angenommen, dass man unfreiwillig allein ist, und meist stimmt das ja auch. Man fühlt sich auch nicht mehr – wie noch vor einigen Jahren – auf ganzer Linie überlegen, wenn zwei Menschen mit debilem Gesichtsausdruck am Nebentisch im Café ihre Handflächen aneinanderhalten, die Größe ihrer Hände vergleichen und dann verzückt feststellen, dass seine Hand größer ist als ihre. Dann bestellen sie Kartoffelsuppe mit ganzer Wiener und fühlen sich durch das Phallussymbol der Wurst sofort wieder an ihr Bett erinnert und verschwinden Hand in Hand. Es folgt eine Beinahe-Kollision mit einem anderen Pärchen auf dem Gehweg, weil keines der vier Paar-Mitglieder die Hand seiner besseren Hälfte loslassen möchte.

Fast schlimmer wird eine Trennung heute noch, wenn ein bei sich selbst bislang nie biologisch oder emotional angelegt geglaubter Kinderwunsch plötzlich da ist. Man weiß, dass man im Falle einer Trennung vom Partner nicht nur die Sisyphosarbeit der neuen Partnersuche auf sich nehmen muss. Man muss dazu auch noch mindestens zwei, wenn nicht sogar drei Jahre mit dieser neuen Person ausharren und seine eigene gesamte Lebensgeschichte wieder von vorne erzählen und eine andere Lebensgeschichte von vorne hören, anschließend

Gemeinsamkeiten und Kompromissmöglichkeiten ausloten, die eine gemeinsame Zukunft möglich oder unmöglich machen, bevor man das Thema Baby auch nur am Rande anschneiden darf.

Plötzlich mischt sich unromantischer, blinder Eigennutz in das Beziehungsgeflecht. Man könnte ja auch noch ein kleines bisschen mit dem Idioten zusammenbleiben, vorläufig natürlich nur. Man könnte sich ja dann auch nach oder vielleicht sogar in der möglichst bald in die Wege zu leitenden Schwangerschaft trennen. Dann wäre die Babyfrage immerhin geklärt, und man könnte sich ohne Stress in Ruhe nach einer ernsthaften, neuen Partnerschaft umsehen. Oder ist das egoistisch? Andererseits könnte der neue, noch zu findende Partner sich bereits nach kurzer Zeit als noch unerträglicher als der alte herausstellen. Dann steht man natürlich blöd da. Darf man überhaupt ein Kind in die Welt setzen, wenn man solche Gedanken hat?

Und würde man damit nicht sowieso eigentlich lieber noch ein paar Jahre warten, würde die Anzahl der Bekannten nicht so rasend schnell zunehmen, die man plötzlich nicht mehr zum Beispiel in der Sammelbrause einer Jugendherberge in Prag oben ohne sieht, sondern neben sich im Café, wo sie plötzlich wuchtige, prall mit Milch gefüllte Busen freilegen und aus ihnen Kinder ernähren und man selbst plötzlich findet, der Milchkaffee schmecke komisch.

Die typischen Übergangsbeziehungen gibt es heute fast nicht mehr, denn sie rauben Zeit. Man kann sich nicht mehr sorgenfrei nächtelang von einem filterlose Zigaretten rauchenden bildenden Künstler zu Jeff-Buckley-Musik den Oberkörper eingipsen lassen, ohne daran zu denken, wann denn eigentlich die Nägel mit Köpfen kommen. Vor kurzer Zeit noch, so scheint es, saß man mit Freundinnen in der Notsprechstunde von »Pro Familia«, um die »Pille danach« verabreicht zu bekommen, oder öffnete eine Flasche Sekt, wenn man nach bangen Tagen einer befürchteten Schwangerschaft seine Tage doch bekommen hat. Jetzt beginnt man selber schon mal vorsorglich, täglich um die gleiche Zeit seine Morgentemperatur zu messen, um die fruchtbaren Tage zu ermitteln. Nur für den Fall …

Die Hochzeiten, auf die man mittlerweile eingeladen ist, sind nicht mehr die Feste von älteren Cousinen oder Tanten, sondern die von Freunden oder ehemaligen Klassenkameraden. Die erste Mitbewohnerin hat plötzlich einen anderen Nachnamen. Wenn man ein neues Handy bekommt, kostet es Überwindung, den alten vertrauten Eintrag zu ändern und die Freundin unter ihrem neuen Namen zu speichern, mit dem sie sich scheinbar auf einmal mehr identifizieren kann als mit ihrem alten. Wenn man die verheirateten Leute fragt, sagen sie, sie hätten sich zwar noch ein paarmal bei Rewe oder Schlecker an der Kasse verschrieben, wenn sie mit EC-Karte bezahlt haben, aber im Grunde war es ganz leicht, das mit dem Namen.

Die Beziehungen werden enger und länger. Bestimmt auch deswegen, weil man gerne einen festen und sicheren Begleiter für Wochenendreisen und das bevorstehende Silvesterfest geklärt haben möchte. Weil es sich weniger einsam anhört, zu seiner Mutter zu sagen: »Wir kommen am Wochenende dann zum Kaffee«, anstatt dass man alleine an der Kuchentafel der Eltern vor einer rechteckigen Sahneschnitte mit Dosenmandarinenstücken sitzt.

Weil man nicht möchte, dass alle anderen plötzlich irgendwo anders »angekommen« sind und am ersten Weihnachtstag nicht mehr ausgehen wollen, nur man selbst nicht. Heute würde man niemanden mehr wegen einer Thunfischpizza verlassen.

Man weiß mittlerweile, dass man tolerant sein und Dinge ertragen muss. Und man weiß, dass weiße Levi's-Jeans nicht alles sind oder sein dürfen. Die Freundinnen, die mittlerweile seit Jahren mit ihren Freunden zusammen sind und nach und nach die Steuerklasse wechseln oder mit vielversprechendem Blick plötzlich den Alkoholkonsum verweigern, haben bestimmte Sachen – die vor einigen Jahren noch eine direkte, diskussionslose Trennung nach sich ziehen konnten – doch auch lieben gelernt.

Was ist schon eine Garnitur speckige Bettwäsche mit Ferrari-Aufdruck, die fast nie gewechselt wird, gegen ein wohliges Zuhause-Gefühl? Nimmt man nicht gerne in Kauf, dass jemand jeden Morgen seinen Tee so laut und aggressiv kalt pustet, dass man sich nicht mehr auf seine Zeitung konzentrieren kann, und sich dennoch die Zunge verbrennt, wenn man dafür jeden Morgen mit einem geliebten Menschen frühstücken darf? Auch dann, wenn man das Bedürfnis hat, ihn zu würgen, an die Wand zu drücken und zu schreien: »Warte doch einfach, bis der Tee kälter ist, und geh mir nicht mit dem blöden Gepuste auf die Nerven, du Arschloch!« Ist nicht ein fremder Zungenreiniger im eigenen Zahnputzbecher im Bad auch nur Ausdruck von Intimität? Und ist es nicht der beste Beweis dafür, dass man einen Menschen wirklich liebt, wenn man dort frühstücken geht, wo man sich für ein »kleines Frühstück« drei Frühstücks-Komponenten aus der Karte auswählen kann, und man selber wählt »Frischkäse«, »Marmelade« und »Gouda«, während der andere »Gorgonzola«, »ungarische Salami« und »grobe Leberwurst« bestellt und sich danach mit besorgniserregend schlechtem Atem ganz nah vor dem eigenen Gesicht für die Einladung bedankt und man selber es stoisch ertragen und im schlimmsten Fall sogar niedlich finden kann?

Natürlich gibt es auch heute immer noch diese Momente in der instabilen, auslotenden Kennlernphase zweier Menschen, in denen man sich die Frage stellen muss, ob man sich wirklich eine Zukunft mit jemandem vorstellen kann, in dessen Küche gerahmte Bilder verschiedener roher Pasta-Sorten hängen, womit die direkte Frage anschließt, ob man jemanden überhaupt auf gleicher Augenhöhe an seiner Seite akzeptieren kann, wenn er »Pasta« sagt und nicht »Nudeln«. Eine Phase, in der man sich fragt, ob es möglich ist, mit einer Person ernsthaft und ergiebig über seine Gefühle zu sprechen, die – wenn man mal traurig ist – ein Kärtchen verschickt, auf dem steht: »Ein Tag, an dem du nicht gelächelt hast, ist ein verlorener Tag.« Ob man eine enge Bindung mit jemandem eingehen kann, der immer noch konsequent die 90er-Jahre-Standard-Behauptung aufrechterhält, das Buch »Der kleine Prinz« sei eines seiner Lieblingsbücher.

Alle vorangegangenen Beispiele sind aber immerhin Dinge, die man vor der Außenwelt verheimlichen kann, man muss seinen Freundinnen schließlich – sofern der Leidensdruck noch nicht allzu groß ist – nicht zwangsläufig erzählen, dass man neulich einen Harry-Potter-Film auf DVD ausleihen musste oder dass man mit jemandem zusammen ist, der sich die Fußnägel am Küchentisch mit einem Nagelknipser stutzt. Aber natürlich kann man nichts mehr schönreden, wenn der eigene Partner plötzlich in aller Öffentlichkeit aus dem Auto steigt und eine schlecht sitzende, an den Schultern zu breite, ockerfarbene Lederjacke mit Lammfellkragen trägt, die ihm fast bis in die Kniekehlen baumelt und sich an den Ärmeln unansehnlich hochschoppt. Ebenso gibt es wohl nichts zu beschönigen, wenn der Partner im Sommer jeden Tag in Flipflops ins Büro geht. Ich spreche mich zwar generell für Gleichberechtigung und größtmögliche Freiheit in Beziehungen aus, aber Gefühle für einen Menschen können, besonders in der Anfangsphase, ernsthaft ins Wanken geraten, wenn er in Flipflops Hauptverkehrsstraßen überquert oder in der U-Bahn sitzt.

Das wirklich Schlimme daran ist, dass der Träger versucht, auf billige Art und Weise ein entspanntes Lebensgefühl zu vermitteln. Ein Mann, der zu Hause den ganzen Tag alternative Rentenmodelle durchrechnet, wenn er nicht gerade Schilder in der Toilette aufhängt, die das Pinkeln im Stehen verbieten, zieht seine Flipflops an und tut plötzlich so, als wäre er ein Mann aus einer Becks-Werbung, der gerade auf dem Weg zum nächsten Beachvolleyballplatz ist, und glaubt sich das selber. Er findet sich relaxt und modern und versteht nicht, dass das Tragen von Flipflops im Büro bei anderen Menschen ungefähr ebenso locker und cool rüberkommt wie das Turnschuhtragen bei Cherno Jobatey. Kein bisschen mehr.

Ein Flipflop kann das ganze, mühsam aufgebaute Lebensgefühl einer Person konterkarieren. Wenn Menschen am liebsten Bioprodukte aus der Region kaufen, sich maßlos überteuert bei »American Apparel« einkleiden, Yoga-Kurse besuchen, um Körper und Geist in Einklang zu bringen, nur noch frischen Minztee trinken möchten und nur in Wohnungen mit Naturdielung einziehen wollen und dann aber an den

Füßen eine dünne PVC-Matte ohne Dämpfung tragen, dafür aber mit erwiesener Anwesenheit von Weichmachern, die durch erhöhten Fußschweiß gelöst durch die Haut in den Körper gelangen und dort Leber, Nieren sowie Hormon- und Immunsystem schädigen, glaubt man diesen Menschen auch in sonstiger Hinsicht kein Wort mehr.

Ein schöner Übergang zurück zu den Anfängen. Denn auch die haben mit dem persönlichen Image von Menschen zu tun. Und mit schlecht riechendem Schuhwerk im weitesten Sinne.

An den Stellen in meinen alten Schulzeugnissen also, in denen die Rede von der Übernahme »freiwilliger Dienste innerhalb des Klassenverbands« die Rede ist, kann zumindest aller Wahrscheinlichkeit nach nicht der Dienst gemeint gewesen sein, für Freundinnen Liebesbeziehungen am Telefon zu beenden, weil sie sich selbst nicht trauten, persönlich bei den Geschmähten anzurufen. Denn mit dieser Dienstleistung tat ich mich nicht erwähnenswert unter den anderen Schülerinnen hervor, das war eine nicht zu diskutierende allgemeine Freundschaftspflicht, bei diesem Kassandra-Dienst wusch eine Hand die andere.

Ich vermute, dass es sich um die Hilfeleistung des Turnbeuteldienstes handelt, an dessen zeitweise Übernahme ich mich zumindest schemenhaft erinnere und der sich folgendermaßen grob zusammenfassen lässt: In der hintersten Ecke unseres Klassenraumes stand eine große pinkfarbene Plastikwanne, eine Gemeinschaftsinvestition aus der Klassenkasse. In dieser Wanne wurden alle Turnbeutel der Schüler gelagert, damit man seine Polyester-Leggings und Turnschläppchen nicht zu jeder Sportstunde von zu Hause im mannsgroßen und sowieso schon bleiernen Ranzen in die Schule transportieren musste. Schwere Tornister, die beim Rennen zum Bus ein klapperndes Geräusch machten, so als würde man nur lose Buntstifte anstatt ein Dutzend Bücher, riesige, fünffach ausklappbare Federmappen, Tuschkästen, Wachsmaler der Firma »Jackson« und Poesiealben in ihnen transportieren.

Die erst basisdemokratisch abgestimmte und schließlich umgesetzte Idee also, die Sportoutfits aller Klassenmitglieder in ihren Turnbeuteln in der Wanne im Klassenraum zurückzulassen, hatte neben dem sich damit verringernden zu tragenden Ballast den Vorteil, dass es seltener passierte, dass man zur Sportstunde sein Turnzeug nicht dabeihatte (womit einem die demütigende Aufforderung der Sportlehrer erspart blieb, im Schlüpfer am Unterricht teilzunehmen).

Allerdings hatte die Einführung der Turnbeutelwanne auch den nicht schönzuredenden Nachteil, dass das Turnzeug einiger Schüler ab diesem Zeitpunkt quasi niemals mehr gewaschen wurde und die kleinen Frotteehosen, Leggings und Schläppchen ein Hort von Bakterien und schlechten Turnhallen-Gerüchen waren, ein olfaktorisches Feuerwerk aus Umkleidekabine und Weichturnmatte.

Hier trennte sich, was das Immunsystem der Schüler anging, die Spreu vom Weizen. Wer einmal unbeschadet eine tiefe Nase aus der Turnbeutelwanne der 4 b genommen hat, weiß, was eine intakte Immunabwehr ist.

Diese Turnbeutelwanne zumindest trug ich gemeinsam mit irgendeiner anderen Schülerin bei jeder Sportstunde vom Klassenzimmer über den Schulhof zur Turnhalle. Und anschließend wieder zurück. Die eine Schülerin trug an einem Wannenhenkel, ich an dem anderen. Was mich für diesen

Job qualifizierte, weiß ich nicht. Ob mich überhaupt irgendetwas dafür qualifizierte, auch nicht. Ebenso wenig kann ich mich daran erinnern, ob ich mich um diese Aufgabe freiwillig bemüht hatte, um Verantwortungsbewusstsein und Engagement zu demonstrieren, eine bessere Sportnote zu erheischen, oder ob er mir aufgezwungen wurde und ich nicht stark oder schnell genug war, nein zu sagen. Eine bessere Sportnote wäre der einzige zumindest irgendwie nachvollziehbare Grund gewesen für die Übernahme einer solch uncoolen, herabwürdigenden Aufgabe, die man seinem eigenen Kind auf der Stelle verbieten würde.

Ich habe nie einen Handstand ohne Hilfestellung gekonnt, nie einen Aufschwung am Reck, das Gewähltwerden in Mannschaften während des Sportunterrichts war nur Ergebnis freundschaftlicher Solidaritäten, denn ich hatte, »guten Kontakt« zu meinen Mitschülern. Ich erinnere mich auch an eine hässliche Szene, die ich meiner damaligen besten Freundin in der Umkleidekabine nach dem Unterricht machte, nachdem sie mich in blindem Ehrgeiz nicht in ihre Feldhockey-Mannschaft gewählt hatte.

Ich erinnere mich an die knüppelharten Völkerball-Wurftechniken einer Mitschülerin namens Melanie, eine stämmige, aber dennoch erstaunlich wendige Matrone, die schon in der vierten Klasse einen Bizeps hatte wie eine gedopte weißrussische Hammerwerferin und die sich beim Wurfvorgang anhörte wie Monica Seles beim Tennisspiel. Es war anzuraten, sich im Schulsport bei Ballspielen nicht in Melanies gegnerischer Mannschaft aufzuhalten.

Ich rangierte im Sportunterricht leistungstechnisch weit im unteren Drittel. Eines von den unsympathischen Mädchen, die bei jeder sich bietenden Gelegenheit schrill kreischend ihre Angst vor Bällen demonstrierten, sich hinter Mitschülern versteckten und die auch heute im Erwachsenenalter noch sicher sein können, dass sie – sobald sie sich auf irgendeinem noch so weiten Areal befinden, auf dem auch nur irgendwo in Sichtweite Menschen Volleyball, Fußball, Basketball oder Frisbee spielen – ein Wurfgerät am Kopf treffen wird.

In einem meiner alten Tagebücher gibt es eine äußerst ergreifende Passage, in der ich etwa sieben Seiten lang von einem tief demütigenden Ereignis bei den Bundesjugendspielen des Jahres 1993 erzähle: Ich hatte zuvor im heimischen Garten meine K.-o.-Disziplin Weitwurf (200-Gramm-Ball) geübt und deutliche Fortschritte erzielt. Ich warf zwar immer noch sehr schlecht, aber nicht mehr ganz so schlecht.

Die Versagensangst saß tief, und bei den Spielen schließlich lagen die Nerven blank, so dass mir der Ball bei einer ungeschickten Bewegung im Zuge des minutenlang in der Luft rührenden, überengagierten Ausholvorgangs aus der Hand glitt und nach hinten flog, so dass schlussendlich eine Wurfweite von »Minus 2 Meter« in die Wertungstabelle eingetragen wurde. Natürlich nahm ich nach diesem Vorfall keine Siegerurkunde, geschweige denn eine vom Bundespräsidenten persönlich unterschriebene Ehrenurkunde mit nach Hause, sondern Hohn und Spott. Melanie übrigens hatte bereits nach ihrer freiwillig gewählten Disziplin »Kugelstoßen« alle notwendigen Punkte für eine Ehrenurkunde beisammen und konnte sich den Rest des Tages in einer schlechtsitzenden Hotpants aus Pannesamt auf der Grasnarbe bräunen.

Meine Mutter verstand, dass ich mich bei den Bundesjugendspielen unmöglich noch einmal würde blicken lassen können, und versorgte mich ab diesem Zeitpunkt großzügig mit Entschuldigungsschreiben wegen Durchfall oder Menstruation (»Bei so was fragt kein Sportlehrer nach, das ist denen peinlich.«).

So wurde der Schulsportunterricht erst in der Abiturzeit wieder zu einem relevanten, wenn auch nicht zu einem angenehmeren Thema: Da man die Sportarten jetzt auch noch selber wählen konnte, war es nicht mehr möglich, wie ein nasser Sack am Reck zu hängen, um danach zu behaupten, in anderen Sportarten hingegen sei man ein weder zu besiegender noch zu haltender Heißsporn.

In einem Parforceritt in Form eines sowohl choreographisch als auch technisch ausgefeilten und sehr lange geübten Springseiltanzes zu dem nervigen Song »Lemon Tree« des One-Hit-Wonders »Fools Garden« schließlich katapultierte auch ich mich im Sportunterricht in die Notenskala »ausreichend«. Einer Klassenkameradin ging es nicht besser. Grobmotorisch veranlagt, musste sie am Ende eines jeden Halbjahres unter dem Gejohle der Mitschülerschaft und der feixenden Lehrerin eine steife, harte, schmerzhafte Flugrolle vorführen, um noch eine Vier im Turnen zu bekommen.

Immer schon habe ich die Leute beneidet, die ihre gesamten Sportnoten aus allen vier Halbjahren der gymnasialen Oberstufe in ihre Abiturnote eingebracht haben, während ich auf Punkte aus Fächern wie Biologie zurückgreifen musste, um meine Sportnoten ja aus der Abiturnote herauszuhalten. Ich brachte dafür sogar drei Semester Latein ein.

Vielleicht waren es sogar alle vier Halbjahre Latein.

Gerne würde ich das nachprüfen, es geht aber nicht, da ich kein Abiturzeugnis mehr besitze. Es muss irgendwann mal unter irgendeinem Kopierer eines Berliner Copyshops liegengeblieben sein. Wahrscheinlich geschah es, während ich Unterlagen für Bewerbungen kopiert habe. Vielleicht habe ich auch irgendwo versehentlich mal das Originalzeugnis eingereicht und dafür eine Kopie behalten.

Das Zeugnis hatte sowieso nicht mehr viel hergemacht. Nachdem ich es damals in der Schulaula überreicht bekommen hatte, gingen wir aus. Das Zeugnis kam in meiner Handtasche mit. Im Laufe des Abends zog ich es mehrfach aus der Tasche, um damit vor fremden Menschen anzugeben, wie man das halt so tut, wenn man gerade Abitur gemacht hat und denkt, es handele sich dabei um den Erfolgszenit eines Lebens.

Am nächsten Morgen zumindest zog ich verkatert und mit Wimperntusche bis zu den Mundwinkeln das knittrige Zertifikat der Reifeprüfung aus meiner Tasche und konnte darauf den Schuhabdruck meiner eigenen rechten geblümten Plateau-Korksandale erkennen. Erst dachte ich daran, mir ein neues Zeugnis zu beschaffen, dann fand ich aber heraus, dass das Zeugnis in Kopie einfach nur so aussah, als bestünde es aus marmoriertem Papier.

Und unabhängig vom äußeren Schein, war das immer noch ein Abschluss. Ein ziemlich guter sogar dafür, dass ich mich wie alle anderen Schüler auch die gesamte Schullaufbahn hindurch weniger um Lehrinhalte als um den Aufbau eines persönlichen Images kümmerte. Eine viel zu wichtige Aufgabe, als dass man Jugendliche damit betrauen sollte, weil von vornherein klar ist, dass man sich hinterher schämen und manche Altlasten nie wieder loswerden wird.

Ich schäme mich heute brutal für den früheren Besitz der CD einer Band namens »NoRMAhl«, deren größter Hit den Refrain »Bitte Ronald Reagan geh, aus der Kolonie BRD« hatte, deren erstes Album »Verarschung total« und deren letztes »Voll Assi« hieß. Meine Freundin Antonia schämt sich für einen blassblauen Jeans-Zweiteiler, bestehend aus modischer Kurzjacke und Minirock, der an Knien sowie Ellbogen großzügig mit Goldfarbe besprüht war. Julia schämt sich dafür, dass sie sich in der siebten Klasse in die Mitte des Klassenraumes gestellt und laut erzählt hat, dass der gleichzeitige Konsum von Cola und Aspirin »voll pervers« machen würde. Nina schämt sich dafür, wie sie von einer sehr kleinen Stadt in eine etwas größere Stadt zog, der erste Schultag anstand und sie dachte, sie sei auch in der größeren Stadt modisch voll auf der Höhe, als sie den Klassenraum der neuen Schule in pinkfarbenen Radlerhosen und einem vor dem Bauchnabel geknoteten XXL-T-Shirt betrat.

Zumindest aber war die Beschäftigung mit der eigenen Persönlichkeit auch ein Unterfangen, mit dem man als Teenager körperlich und emotional voll ausgelastet war und das keinerlei Kapazitäten für andere, vielleicht sinnvollere Tätigkeiten oder Gedanken frei ließ.

Mit dreizehn bestand die eigene Imagepflege im Wesentlichen darin, allen anderen Klassenkameraden glaubhaft zu vermitteln, dass man erstens bereits regelmäßig seine Menstruation hatte, zweitens dieser Menstruation mit Hilfe von Tampons und nicht etwa von Binden Herr wurde, drittens darin, alle Beweise davon zu vernichten, dass man auf der Grundschule Schülerlotse war, und viertens darin, dass man möglichst viele Deos der penetrant riechenden Marke »Impulse« im elterlichen Badezimmerregal stehen hatte.

Außerdem musste man seinen Eltern in zermürbender Überzeugungsarbeit klarmachen, dass es sehr wohl unbedingt notwenig sei, dass man in doppelter Ausführung Levi's-Jeans der Passform 501 in den Farben Weiß, Bordeaux und Dunkelgrün besitzen musste, die erst dann absolute Salonfähigkeit erreichten, wenn die inneren Beinnähte fußaufwärts etwa fünf Zentimeter weit aufgetrennt und ausgefranst wurden.

Schlimm war es, wenn Tanten, die die Ferien in den USA verbracht hatten, verschwörerisch ankündigten, sie hätten einem eine Levi's aus Amerika mitgebracht, und dann anstelle einer Levi's 501 eine 901, die uncoole, angebliche Mädchenversion in Möhrchenform, stolz aus der Tüte schüttelten.

Die Tanten guckten verschreckt, weil sie dachten, ihrer Nichte etwas Gutes getan zu haben, während man selber sich stundenlang weinend auf dem Boden wälzte und sich fragte, wie man denn bitte so blöd sein könne wie diese Tante.

Natürlich hatten wir in Berlin noch Glück, was die Anschaffung von Markenkleidung betraf. Eine Freundin, die in Moers bei Duisburg aufwuchs, erzählte mir, dass Markenware in kleineren Städten nicht unbedingt unbegrenzt verfügbar, oft ausverkauft und es daher gang und gäbe war, sich beispielsweise einfach ein Paar Chucks in Größe 41 zuzulegen, obwohl man ja eigentlich nur Schuhgröße 38 hatte.

Einen sehr schlechten gesellschaftlichen Stand hingegen hatten die fehlerhaften Levi's-Jeans, bei denen etwa das kleine rote Schildchen an der Gesäßtasche fehlte und die daher nur die Hälfte kosteten und unter anderem in riesigen Supermarktketten angeboten wurden. Mütter steuerten zielsicher auf die Regale mit der Mangelware zu und sagten, es könne ja wohl nicht angehen, für eine doofe Hose das Doppelte auszugeben, nur weil sie ein winziges rotes Schildchen am Gesäß hatte. Sie sagten, sie seien nicht bereit, »für ein Stück Stoff« so viel Geld zu bezahlen. Sie verstanden einfach nicht, dass man es sich dann noch eher erlauben könnte, weiterhin in seiner marmorierten »Jingler's«-Hose mit Gummibündchen in der Schule aufzulaufen.

Später dann, im voranschreitenden Teenageralter, rückten andere Dinge in den Vordergrund, was nicht zwangsläufig bedeutet, dass es sich dabei um wichtigere Dinge handelte. Der Interessenschwerpunkt wird je nach Bundesland variiert haben. Bei uns in Berlin-Wilmersdorf zumindest ging es in erster Linie darum, gegen Nazis zu sein und der Restwelt diese vorbildliche Geisteshaltung durch zahlreiche Aufnäher auf olivgrünen Jacken und Schultaschen aufzudrängen. Sich nicht mehr die Haare zu kämmen, sie dafür aber zu färben. Auf keinen Fall nach Schulschluss Mitglied einer Mädchen-Volleyballmannschaft zu sein. Beim Abbrechen eines Mercedes-Sterns in jedem Fall sicherzugehen, dass der Wagen nicht dem Tennispartner des eigenen Vaters gehörte. Zu vertuschen, dass man eigentlich immer dachte, Che Guevara sei ein Reggae-Sänger. Das Nirvana-Unplugged-Album zu besitzen und den völlig unverständlichen Text von »Smells like Teen Spirit« auswendig und fehlerfrei mitgrölen zu können.

Es hat lange gedauert, bis man sich irgendwann eingestehen konnte, dass man die Musik der »Doors« eigentlich gar nicht mag und dass »Rage Against the Machine« einfach nur Lärm ist. Hätte man das damals zugegeben, es wäre gewesen, als wenn man heute laut sagen würde, dass U2 eine völlig über-

schätzte Band ist und Bono Vox einer der nervigsten Ober-
lehrer der ganzen Welt. Stimmt auch, wird aber nicht gern
gehört.

Unterschiede zwischen coolen und uncoolen Leuten skiz-
zierten sich damals danach, ob man den eigenen Eltern bereits gesagt hatte, dass man raucht, und sie im besten Fall
diese niedliche Marotte vielleicht noch tatkräftig förderten
oder eben nicht, und ob man schon bei seinem Freund übernachten durfte oder sich zu diesem Zweck völlig unrealisti-
sche Geschichten ausdenken musste, die jeder Elternteil, der
sich auch nur ein bisschen Mühe gab, sofort als Lügen entlar-
ven konnte.

Das eigene Image wurde also nicht nur selbst erschaffen, sondern die Eltern sollten der Glaubhaftigkeit halber bestenfalls
mitziehen. Wie sollte man denn auch bitte schön ein unab-
hängiger, verruchter Vamp werden, wenn man um halb sieben zu Hause sein musste, um mit Muttern Käsebrote und
Tomatensalat zu essen oder schlimmstenfalls die von der
Schule wieder mit nach Hause gebrachten, nicht verzehrten
Pausenbrote? Wer ist schon eine wilde, undurchschaubare
Femme fatale, wenn sie am Telefon sagen muss, dass sie leider keine Zeit hat, weil sie am Nachmittag Mathe-Nachhilfe
bei Informatik-Student Thorsten hat? Kein Wunder, dass
Teenager ihre Eltern hassen.

Eltern erlagen oft einem folgenschweren Denkfehler. Sie
sagten Dinge wie »Guck mal, wenn du nicht aufpasst, dann
bekommst du in Erdkunde bald eine Fünf!« Natürlich konnten sie nicht wissen, dass einem im persönlichen Ansehen
innerhalb der Peer-Group nichts besser zu Gesicht stand als
eine Fünf in Erdkunde. Ich glaube, ich habe mich nie wieder
so cool gefühlt wie in der achten Klasse, als ich mit zwei Fün-

fen auf dem Zeugnis »stark gefährdet« in Klasse neun versetzt wurde.

Eine blöde Einstellung natürlich, aber auch der Tatsache geschuldet, dass niemand von uns tatsächlich darüber nachdachte, dass es beim Schulbesuch nicht nur um ein Abitur, sondern auch um das Danach ging und dass das Abitur bestenfalls ein Etappensieg auf einer langen Strecke war.

In dieser Zeit war es eher verpönt, ein sehr guter Schüler zu sein. Jemand, der seine Hausaufgaben wirklich zu Hause machte. Einserkandidaten hatten randlose Brillen, vergaßen nie, ihre Bücher in Klarsichthüllen einzuschlagen und mit Namen zu versehen, waren nachmittags in irgendeiner AG und trugen ihr Schulzeug in beigefarbenen, ledernen Aktentaschen zur Schule, auf denen nicht mit Edding »Pearl Jam« stand, was im Nachhinein betrachtet natürlich ebenso doof ist. Oder aber (in der weiblichen Variante) sie trugen aschblonde Haare bis zum Kinn, einen Mittelscheitel, waren ebenfalls in einer AG und verglichen stundenlang ihre gerade mit einer 2+ bewertete, korrigiert zurückerhaltene Mathearbeit mit dem mit einer 1– bewerteten Pendant ihrer besten Freundin, die gleichzeitig die größte Konkurrentin war, um eventuell noch einen vom Lehrer vergessenen halben Punkt wegen »folgerichtig« herausschlagen zu können.

Die einzige akzeptable Erklärung dafür, ein Einserschüler zu sein, bestand darin, glaubhaft zu vermitteln, dass man nichts dafür konnte und dass einem die anderen diese Erklärung abkauften. Nur wer gleichzeitig Zettel mit dem Nachbarn schreiben, seine vergessenen Mathehausaufgaben abschreiben, sich die Nägel feilen und sich dann zusätzlich noch am Unterricht beteiligen konnte, durfte das, ohne dass man ihn doof fand.

Zukunftsgedanken kamen nur sehr selten auf. Dachte man während der Schulzeit an Karriere oder die eigene Perspektive, dachte man immer nur an das Abitur. Fast nie, oder zumindest selten und wenn dann auch nur diffus, dachte man darüber hinaus. Dahinter war gar nichts. Vielleicht sprach man manchmal darüber, ob man später irgendwann eher an drei Kinder oder lieber an zwei dachte, ob man prinzipiell Heiraten doof fand oder gut, aber über einen konkreten Karriereweg oder darüber, was genau nach dem Abitur kommen sollte, sprach man wenig.

Als es darum ging, in Betriebspraktika die grob vermuteten beruflichen Neigungen auf ihren Wahrheitsgehalt zu überprüfen, verpasste die Hälfte unserer Klasse die Anmeldefrist und absolvierte das Praktikum am Ende entweder in der Firma des eigenen Vaters oder in dem Kindergarten, in dem man selber als Kind gewesen ist. Ohne natürlich, dass jemand vorher Kindergärtnerin werden wollte oder hinterher geworden ist.

Vielen fehlte das Bewusstsein dafür, dass nach der Schule ein Studium, eine Lehre, in jedem Falle aber irgendwann mal ein Beruf kommen sollte. Setzten Eltern einen davon in Kenntnis, klang es immer völlig fern der eigenen Lebenswirklichkeit und stand etwa auf der gleichen Wichtigkeitsstufe wie die Aufforderung, sein Zimmer aufzuräumen. Dachte ich an eine Zeit nach dem Abitur, handelte es sich um eine rosige Zeit. Es würde toll werden: Ich würde nicht mehr zu Hause wohnen, könnte immer nachts Besuch haben und würde mich nicht rechtfertigen müssen, wenn ich den dritten Abend hintereinander mit einer Bierfahne nach Hause käme. Eher würde ich mich rechtfertigen müssen, käme ich ohne Bierfahne nach Hause. Ich würde mich um alle erdenklichen

Uhrzeiten von allen Leuten, die ich kenne, anrufen lassen, ohne dass die eigene Mutter mit genervtem Blick das ganze Telefonat hindurch mit metronomhaft auf den Boden tippendem Fuß neben einem steht, sobald dies nach 21.30 Uhr geschieht, oder einem in drohendem Ton ins Gespräch zischt, dass man gerade »die Leitung blockiert«.

Die wenigen Momente zumindest, die uns während der Schulzeit doch daran erinnern sollten, dass es in näherer Zukunft wichtige Entscheidungen zu treffen galt und dass es eine Zeit nach dem Abitur geben wird, kamen bei mir in Form einer beleibten Dame mit riesigem Busen und toupiertem Haar, langem Rock und einem kaschierenden Oberteil mit Pailettenrand. Sie trug lange, sehr auffällige Ketten, über die sie sicher irgendwann in der »Brigitte« gelesen hatte, dass sie von Fettpölsterchen ablenken würden. Sie hatte verblüffende Ähnlichkeit mit Joy Fleming, und ihr Arbeitgeber war das »Berufsinformationszentrum«, welches kurz »BIZ« genannt wurde.

Sie warf mit einem lauten Knall einen dicken Stoß Broschüren, in dem Berufe von A–Z (von Abbrucharbeiter/in bis Zytologieassisten/in) aufgelistet waren, auf das Lehrerpult und plazierte sich, halb sitzend und halb stehend, mit dem halben Hintern auf den Tisch, so wie nur Lehrer und Frauen vom BIZ überhaupt zu sitzen vermögen.

Dann musste jeder der Schüler kurz sagen, was er denn später, nach der Schule, einmal werden wolle. Meist äußerte keiner der Anwesenden den Berufswunsch Zugbegleiter/in, Eiskonditor/in oder Sattler/in. Ich kann mich erinnern, dass tatsächlich fast niemand klar, überzeugt und umschweiflos sagte, was er genau werden wolle. Außer vielleicht der Junge mit der viereckigen Brille und dem hervorstehenden Adams-apfel, der Informatiker, oder das akribische Mädchen mit Mittelscheitel, das Lehrerin für Deutsch und Englisch wer-den wollte.

Viele sagten ansonsten so etwas wie, entweder sie würden Re-gisseur oder Schauspieler oder aber sie würden etwas mit Medien machen wollen, und sehr viele sagten, sie wüssten es noch nicht, sie hätten einfach noch nicht überlegt.

Dass dies so viele sagten, kann natürlich auch damit zusam-menhängen, dass man darüber mit der BIZ-Dame einfach nicht sprechen wollte, weil man sich gar nicht vorstellen konnte, wer auf der Welt wohl eigentlich ein noch schlechte-rer Ansprechpartner für die persönliche Selbstverwirkli-chung und die Vorstellungen der eigenen beruflichen Zukunft sein könnte als die Frau vom Berufsinformationszentrum.

Ich glaube aber, dass sich ein wirklich großer Anteil der Schüler darüber tatsächlich noch nicht viele Gedanken ge-macht hatte, weil es einem so vorkam, als hätte man selbst damit nur am Rande zu tun, als wäre es nicht der Zeitpunkt, sich jetzt schon damit zu befassen, was mal kommen würde. Viele wussten in diesem Alter ja nicht einmal, was ihre eige-nen Väter eigentlich genau beruflich machten.

Die BIZ-Dame zumindest lieferte auch nicht die notwendi-gen Anstöße dafür, sich um die eigene berufliche Zukunft zu kümmern, denn die raren Stunden ihrer Anwesenheit wur-den sowieso dafür genutzt, sich zu freuen, dass Reli ausfiel, und sich um die Französisch-Hausaufgaben für die nächste Stunde zu kümmern. Man dachte einfach, dass schon alles gut werden würde, solange man später nicht selber beim Be-rufsinformationszentrum arbeiten müsste.

Vielleicht ist das heute alles anders. Wahrscheinlich sogar. Und wahrscheinlich vor allem deswegen, weil man sich mit einem Abiturdurchschnitt wie dem meinen heute nicht einmal mehr ohne weiteres für das Studium der Japanologie oder der niederländischen Philologie einschreiben könnte. Es war nicht nur meiner Abiturnote geschuldet, dass ich mich nach dem Abitur für die Aufnahme eines geisteswissenschaftlichen Studiums entschied. Ich handelte, was die Fächerkombination angeht, nach grober, also sehr grober Interessenlage und was meine eigene Person anging, nach großer Interessenlage, denn mir ging es in erster Linie darum, von zu Hause auszuziehen, einen Schritt, den meine Eltern nachvollziehbarer- und vernünftigerweise erst dann moralisch und finanziell zu unterstützen bereit waren, wenn ich im Gegenzug einen Studienplatz vorzuweisen hatte.

Meine Eltern konnte ich davon überzeugen, dass mich das Fach Geschichte nach jahrelangen miserablen Schulnoten plötzlich derart faszinierte, dass ich es nun auch studieren müsste, um noch tiefer in die Materie einzudringen, und dass ich mich zufälligerweise auch gleich für den kommenden Oktober einschreiben könne und ob sie mir mal kurz freundlicherweise den Immobilienteil der Zeitung sowie einen neongrünen Textmarker reichen könnten.

Im gleichen Zusammenhang staubte ich dabei noch einen mir meine gesamte Jugend über verwehrten Videorekorder ab, den ich dringend benötigte, um mir nachts mittels Guido-Knopp-Reportagen wenigstens ein klitzekleines Geschichtswissen und einen ganz groben Überblick über historische Ereignisse zu verschaffen, die irgendwann mal in der Welt passiert sind. Den Ereignisverlauf konnte ich anschließend zwar nur schlagworthaft abrufen, dafür aber mit einem rauhen pathetischen Tremolo vortragen, das ich mir von der TV-Hintergrundstimme abgehört hatte. Ein gutes Pferd springt nicht höher, als es muss.

Die Aufnahme eines geisteswissenschaftlichen Studiums mit Magisterabschluss hat den schlagkräftigen Vorteil, dass man nur ganz wenig lernen und wenn man nicht will im Prinzip auch nie anwesend sein muss. Aus eigener Erfahrung heraus kann ich behaupten, dass es für einen akademischen Abschluss mit annehmbarer Note völlig ausreichend ist, sich am Ende des Studiums in der Prüfungsphase für etwa ein Dreivierteljahr zusammenzureißen und manchmal vielleicht ein bisschen zu weinen oder mit dem Kopf auf der Computertastatur zu schlafen. Schlimmer wird es in der Regel nicht.

Außerdem kann man sich mit einer geisteswissenschaftlichen Studienfachkombination nach einigen organisatorischen Startschwierigkeiten einen Stundenplan bauen, der nur die Tage von Dienstag bis Donnerstag berücksichtigt und das auch nur zwischen 12 und 16 Uhr. Wenn nach Ablauf der Regelstudienzeit und nach Ablauf der langen Zeitspanne, bis die Universitätsfrau mit der fiesen Frisur diesen Ablauf überhaupt bemerkt, eine beachtliche Anzahl besuchter Veranstaltungen fehlen, um das zu sein, was Studenten »scheinfrei« nennen, sucht man diese fehlenden Veranstaltungen einfach aus den Online-Versionen der Vorlesungsverzeichnisse der letzten Semester heraus und trägt fröhlich pfeifend ins Studienbuch ein, dass man das Seminar über die Siedlungsgeschichte des Deutschen Ordens in Preußen besucht hat.

Studienbuchseiten sind das niedergeschriebene Lügenkonstrukt der Studentenschaft. Und so wie man in Uni-Zeiten manchmal geträumt hat, man würde das Abitur aberkannt bekommen, weil man eine Matheklausur versäumt hat, träumen bereits fertige exmatrikulierte Akademiker manchmal davon, dass sie einen Brief des Dekans bekämen, in dem stünde, dass man sich im Immatrikulationsbüro oder an einem ähnlich düsteren Ort einzufinden hätte, wo Stichproben genommen würden über tatsächlich besuchte Veranstaltungen.

An dieser Stelle sei kurz, aber ausdrücklich darauf hingewiesen, dass ich mit derartigen Vorgehensweisen nie etwas zu tun hatte. Ich habe von solchen Methoden lediglich gehört. Selbst absolvierte ich im Sommersemester 2005 tatsächlich ein Pensum von 42 Semesterwochenstunden.

Viele werden denken, dass man das etwas nervenaufreibende Dreivierteljahr am Ende des Studiums gerne in Kauf nimmt, wenn man sich im Gegenzug die restliche Zeit so benehmen darf, als wäre man in einem Bierzelt geboren. Aber natürlich hält ein eher nachlässig verfolgtes Studium auch diverse Nachteile bereit.

Der Nachteil, der sich gleich von Beginn an am aufdringlichsten bemerkbar macht, ist die Tatsache, dass viele Studenten – und dabei handelt es sich nur um Studenten, die man nicht mag – die Vorlesungszeit dazu zweckentfremden, sich einen Freundeskreis aufzubauen, dessen Bestandteil vor allem man selbst sein soll. Diese Studentinnen haben dicke, geflochtene Pferdeschwänze und im Winter Thermoskannen mit Tee und drei Kilo Mandarinen dabei. Und wenn sie nicht gerade dabei sind, Unterschriften gegen Guantánamo und die Abholzung des Regenwaldes zu sammeln, ein Antifa-Café im Unigebäude aufzuziehen, in dem sie Dinkelkuchen und glutenfreie Brötchenhälften mit vegetarischen Brotaufstrichen und Kresse verkaufen und in dem man seinen Fair-Trade-Kaffee nur bekommt, wenn man eine eigene Tasse mitgebracht hat, sich erst wieder zu waschen, wenn Tibet frei ist, oder die Toilette mit feministischen Sprüchen vollzuschmieren, schlagen sie zum Semesterauftakt Kennlernspiele für die Proseminare vor, damit wir anschließend noch offener miteinander umgehen können, als wir es sowieso schon tun.

Den Mädchen zumindest, die die Kennlernspiele in Seminaren regelmäßig vorschlagen, ist anscheinend nicht bewusst, dass solche Spiele oft eben keine Nähe erzeugen, sondern eine sich bereits andeutende Kluft auch ins Unermessliche vergrößern können.

Als ich aus Orientierungslosigkeit einmal in ein Erziehungswissenschaften-Seminar eines Lehramtsstudiums hineingeriet, musste ich an folgendem, zum Teil begeistert aufgenommenen Spiel teilnehmen, dessen Nutzen zur adäquaten Vorbereitung der Studenten auf die Unterrichtsführung an Neuköllner Hauptschulen zweifelhaft ist: Alle Teilnehmer formierten sich zu einem großen Kreis. Ein Teilnehmer im Kreis hatte ein Wollknäuel in der Hand, hielt das Ende des Fadens fest und warf das Knäuel zu einem anderen Teilnehmer, der daraufhin laut seinen Namen, seine Studienfachkombination und seine momentane Stimmung oder Gefühlsregung sagen musste, bevor er seinerseits ein Stück Wolle festhielt und das Knäuel weiterwarf zur nächsten Person. Am Ende entstanden ein Gemeinschaftsgefühl, das ausschließlich auf der Erfahrung einer gemeinsam erlebten Demütigung basierte, und ein wollenes »Sympathie-Netz«, aus dem sich die Seminarleiterin vermutlich hinterher einen neuen Pullover strickte.

Des Öfteren drängte sich einem in diesen Momenten der ansonsten völlig unverständliche Wunsch auf, einfach ein paar echte BWL-Studenten mit grundlos hochgestellten karierten Hemdkrägen oder ein paar Jura-Mädchen mit Perlenohrringen und um die Schultern gelegten Kaschmirpullovern neben sich sitzen zu haben.

Der wahrscheinlich größte Nachteil eines nachlässig geführten Studiums aber, der einem nicht sofort bewusst wird (weil er zuerst vollständig von dem neu gewonnenen Freiheitsgefühl überlagert wird) der dafür aber im Verlauf des Studiums umso unerbittlicher an einem nagt, ist, dass man sich permanent und berechtigterweise wie ein Versager fühlt, eben weil man so viel freihat und sich ständig das Gefühl ins eigene Bewusstsein schiebt, den »Ernst des Lebens« einfach weiter so lange aufzuschieben, bis man einen Studienabschluss in der Hand hat, und außerdem noch maßgeblich dazu beizutragen, dass dieser Abschluss dem eigenen Lebenswandel nicht allzu schnell in die Quere kommt.

Wäre es nur eine Menge freier Zeit, die einem das Studium beschert, würde man sich vielleicht besser fühlen. Betrüblicherweise wird diese freie Zeit oft nicht für sinnvolle Dinge genutzt, sondern zum Beispiel zum Fernsehen oder zum Herumliegen in Parks. Der Hauptteil der Zeit aber wird auf Ausweichmanöver verwendet, die es rechtfertigen, nicht zur Uni zu gehen oder für Prüfungen zu lernen. Tätigkeiten, die den Zeitpunkt, wann man tatsächlich anfängt zu arbeiten, herauszögern sollen, obwohl sie noch nicht mal wirklich mehr Spaß machen als das Arbeiten selber. Aber man fühlt sich nicht so schlecht und nutzlos, wenn man das Bad geputzt hat, anstatt zu lernen, als wenn man stattdessen fünf Folgen »Grey's Anatomy« hintereinander geguckt hätte.

Man ist sich nicht sicher, wem man mehr Schuld daran geben soll, dass man es einfach nicht für nötig hält, Vorlesungen regelmäßig zu besuchen, oder dass man sich permanent mit anderen Dingen als dem persönlichen Vorankommen beschäftigt und stattdessen damit beginnt, intensives Lernen für Klausuren für eine unzulässige Form der Wettbewerbsverzerrung zu halten. Das Hochschulwesen, weil es ermöglicht, dass man mit einem Einserdurchschnitt und stolzgeschwellter Brust mit seinem Magisterzeugnis und einem Becher Rotkäppchensekt aus dem Büro des Dekans stolziert, obwohl man das Gefühl hat, dass man nur das Allernötigste dafür getan und diese Urkunde irgendwie nicht verdient hat oder sich selber, weil man doch alt genug dafür sein müsste, anderen Leuten nicht mehr die Verantwortung dafür zu geben, was aus einem selbst wird oder nicht wird. Und weil man, wenn man den blöden Spruch schon in der Schule nicht verstanden hat, doch wenigstens jetzt wissen müsste, dass man für das Leben und nicht für eine Institution lernt und dass ein gewisses Maß an Selbstdisziplin in dem Alter ja nun wirklich nicht zu viel verlangt ist.

Es ist kein schönes Gefühl, sich wie jemand zu fühlen, der von den ihm gebotenen Möglichkeiten eines Studiums so wenig »mitnimmt«. Denn darum geht es doch immer im Leben: darum, etwas mitzunehmen und für sich in irgendeiner Art und Weise verwenden zu können. Denn im Grunde weiß man natürlich, dass man sich nun wirklich nicht wie ein schlauer Fuchs fühlen muss, weil man sich im Seminar möglichst nah an der Tür plaziert, seinen Block nicht mal auspackt, um unnötige Einpackgeräusche zu vermeiden, dann exakt so lange wartet, bis man seine Unterschrift auf eine Anwesenheitsliste gesetzt hat, um dann sofort leise und unbemerkt den Raum zu verlassen.

Genauso weiß man natürlich, dass es natürlich nicht Sinn der Sache gewesen sein sollte, dass man die ersten zwei Monate der Sommer-Semesterferien jeden Abend betrunken gewesen ist, am nächsten Tag regelmäßig bis 15 Uhr geschlafen hat, anschließend mit hämmernden Kopfschmerzen ein paar 50-Cent-Stücke aus den Hosentaschen der stinkenden Jeans schüttelte und sich fragte, wie es eigentlich sein kann, dass die zwei Bier gestern wieder 50 Euro gekostet haben und einem dann im letzten Monat der Ferien, die ja bekanntlich überhaupt keine Ferien sind, sondern lediglich eine vorlesungsfreie Zeit, plötzlich einfällt, dass man mit den fünf Hausarbeiten, die man sich vorgenommen und großspurig angekündigt hat, auch irgendwann anfangen muss.

Man macht sich überhaupt keine Sorgen wegen seines Motivationsproblems, denn das verschwindet schon ganz von allein. Spätestens in dem Moment nämlich, wenn es zum handfesten, unerbittlichen Zeitproblem geworden ist, das auf Befindlichkeiten keine Rücksicht mehr nimmt.

Eine Freundin erzählte mir, sie habe bei dem ersten Referat für ihr Jurastudium in Münster den Wecker mehrfach um fünf weitere Schlafminuten verstellt und sei daher erst zehn Minuten vor Referatsbeginn in ihrem Zimmer im Studentenwohnheim wirklich aufgewacht. Sie hatte nur wenig geschlafen, weil sie am Abend zuvor erst mit den unterschätzten Referatsvorbereitungen angefangen hatte. Nach einem panischen Blick auf die Uhr sprang sie in ihre Jeans und rannte ohne BH, aber dafür in Pyjama-Oberteil und Badelatschen zur Uni und begann ihr Referat mit einer beachtlich geringen Verspätung von nur 15 Minuten.

Die Verspätung rechtfertigte sie ausschweifend und streberhaft damit, dass ihr Drucker heute morgen um sechs den Geist aufgegeben und sie seitdem vergeblich versucht hatte, den Drucker zu reparieren, was gleichzeitig das Fehlen des Handouts rechtfertigen sollte, jenen schriftlichen stichpunktartigen Leitfadens, der vor dem Referat an alle Anwesenden ausgeteilt werden soll und der am Ende jedes Referats immer das Einzige ist, was die übrigen Studenten vom Referat überhaupt mitnehmen.

Sie versprach, die Handouts natürlich am nächsten Tag nachzuliefern und im Handapparat in der Bibliothek zu plazieren, was selbstverständlich niemals passierte und was sie zum geäußerten Zeitpunkt auch natürlich, ebenso wie alle anderen Studenten, bereits wusste.

Das Referat wies natürlich einige grobe fachliche Lücken sowie rhetorisches Wegsacken auf. Auf kritische Nachfragen des Professors reagierte die Freundin gekonnt mit einem Kompetenz heuchelnden »Ich weiß, worauf Sie hinauswollen, haben Sie bitte noch einen Moment Geduld, auf diesen Punkt werde ich gleich eingehen«. Dann redete sie einfach so lange etwas anderes, bis die für das Referat veranschlagte Zeit verstrichen war und der Professor vergessen hatte, dass es einen Punkt gab, auf den die Studentin ja noch mal zurückkommen wollte.

Zufrieden ging die Freundin nach Referatsende zur schmutzigen Damentoilette des Instituts und sah im Spiegel, dass die linke Seite ihrer Frisur deutlich platt gelegen war und sie auf derselben Seite, die außerdem verquollen aussah, immer noch einen Kissenabdruck im Gesicht hatte.

Es folgte ein kurzer beschämender Moment der Klarheit, begleitet von einem Ansatz von Selbsthass und der strenge Vorsatz, den sie sich in ihr eigenes Spiegelbild versprach, dass das echt anders werden müsse und dass sie sich auf das nächste Referat sehr viel detaillierter und außerdem rechtzeitig würde vorbereiten wollen. Dann winkte sie ab, verließ die Damentoilette und wusste, dass sich wahrscheinlich eh nichts ändern würde. Und warum auch.

Das schlechte Gewissen wurde sehr schnell von dem erhebenden Gefühl überlagert, dass ja jetzt dieses blöde Referat immerhin geschafft und vorbei war, und von dem Gedanken, ob sie eigentlich am Abend schon was vorhätte.

Niemals wieder wurden so viele Dinge bei mir im Haushalt erledigt wie zu Lernphasen während der Uni. Zu dieser Zeit wohnte ich noch in einer WG. Ich habe während der Phase meiner Magisterprüfungen ununterbrochen Wäsche gewaschen oder Geschirr abgespült. Ich habe Handwäschen erledigt, Kleidungsstücke in die Reinigung gebracht und auch wieder abgeholt oder jedes einzelne Wäschestück einer Waschladung mit einem Vorwaschspray behandelt. Manchmal habe ich sogar unbenutztes Geschirr gespült und wieder einsortiert, weil es schon so lange nicht mehr benutzt wurde, dass es meiner Meinung nach im Regal staubig geworden war. Stand ich morgens unter der Dusche, um mich mit sorgfältiger, ausgiebiger Körperpflege auf einen anstrengenden Arbeitstag vorzubereiten, sah ich dunkle Flecken in den Fliesenfugen, die ich sofort als krebserregende Schimmelsporen identifizierte. Ich musste mir also anschließend sofort einen speziellen Schimmelentferner kaufen und mich dann mindestens eine Stunde lang mit der Reinigung der Duschkabine beschäftigen. Gesundheit geht nun mal vor!

Es gibt Menschen, die ziehen es vor, in der Bibliothek zu lernen anstatt zu Hause. Diese Menschen sagen zur Bibliothek nicht Bibliothek, sondern »Bib«. Die Menschen, die nicht in der Bibliothek lernen, sondern zu Hause, tun dies – obwohl es vielleicht uneffektiver ist – auch deswegen, weil sie nicht zu denen gehören wollen, die »Bib« sagen. Weil die, die »Bib« sagen, auch nicht ins Repetitorium gehen, sondern ins »Rep«, weil da der »Prof« so nett ist. Das ist eitel, aber nachvollziehbar.

Wenn schon alles danach aussieht, dass man bald als Akademiker durchs Leben geht, kann man ja wohl auch bitte möglichst früh dafür Sorge tragen, dass man sich im mündlichen Ausdruck nicht anhört wie das transkribierte Chatprotokoll einer Gruppe siebzehnjähriger Nageldesigner-Azubis.

Wenigstens Germanistikstudentinnen sollten sich außerdem ihre Gedanken machen, ob ihr Studienfach das richtige ist, wenn sie gerade das Proseminar »Grammatiktheoretische Grundlagen des Zweitspracherwerbs« im Hörsaal 1b verlassen, um dann fröhlich plappernd in die Runde zu fragen, wer denn nun erst mit »mensen« und dann in die »Bib« kommt.

Man sollte es Menschen einfach nicht vorwerfen, wenn sie lieber zu Hause lernen, weil sie es in Bibliotheken nicht aushalten, und wenn sie – obwohl sie eigentlich nur kurz zur Toilette wollten – plötzlich schon wieder mit gepackten Sachen in Richtung U-Bahn-Haltestelle nach Hause abgebogen sind. Jedes Mal wieder sitzt man der irrigen Vorstellung auf, zu Hause würde sich Arbeit stressfreier und leichter erledigen lassen.

Daher nimmt man auch gerne Kosten und Mühen sowie den Hass anderer Studenten in Kauf, im letzten Monat der Sommersemesterferien zwei Tage lang etwa sieben Stunden täglich den Bibliothekskopierer zu okkupieren, um für die fünf in einem Monat zu schreibenden Hausarbeiten etwa 2500 Seiten aus 100 Büchern herauszukopieren und nach Hause zu transportieren, nur um beim Schreiben ja nicht noch ein einziges Mal in die Bibliothek zu müssen.

Natürlich ging diese Rechnung nie auf, denn zu Hause bemerkte man jedes Mal, dass man bei der Hälfte der Blätter die ersten fünf Buchstaben jeder Zeile wegen Nachlässigkeit beim Auflegen der Bücher auf den Kopierer einfach nicht mitkopiert hat. Es ist einem aber immer noch lieber, sich jeden Text wegen der fehlenden Passagen mehr oder minder logisch stundenlang zusammenzudenken, anstatt in die Bibliothek zu gehen und seine Arbeit einfach dort zu verrichten.

Der Vorteil des Arbeitens in der Bibliothek war eigentlich immer, dass die Ablenkungsquellen begrenzt sind. Man konnte dort eigentlich nur sitzen und sein Tagewerk verrichten. Es gab nichts zu gucken und nichts Arbeitsfremdes zu erledigen.

Für den Lernerfolg von Studenten war es daher ein verheerender, desaströser Schachzug, W-Lan-Internetzugang am eigenen Laptop in den Bibliotheken zu ermöglichen. Mag ja sein, dass man dank des Internets Zugang zu einer wahren, unerschöpflichen Flut an nützlichen Lerninformationen bekommen hat. Fakt ist und bleibt aber, dass die damit bereitgestellten unnützen Informationen deutlich überwiegen und das Internet jeden Studenten zielsicher vom Lernen abhält.

Sobald man bei einer Lernaufgabe nicht mehr weiterkommt, fällt einem so etwas ein, wie dass man doch seit Tagen schon mal gucken wollte, von was für einer Krankheit eigentlich dieses Taubheitsgefühl kommen könnte, das man seit drei

Tagen schon in den Fingern der linken Hand verspürt. Nach zwei Minuten hat man zielsicher ergoogelt, dass es an ein medizinisches Wunder grenzt, dass man seine Tastatur überhaupt noch betätigen kann, da man sich aller Wahrscheinlichkeit nach kurz vor einem Schlaganfall befindet und sofort nach Hause gehen sollte, um dort einen Haufen Blattgemüse zu verzehren, um mit Hilfe des darin enthaltenen Vitamin K zu retten, was zu retten ist.

Jeder Mensch weiß natürlich, dass man Krankheiten mit Rücksicht auf die eigene seelische Unversehrtheit nicht googeln darf, weil als Ergebnis dabei meistens Tod, mindestens aber das lebenslange Angewiesensein auf einen Rollstuhl lautet. Jeder, der sich schon mal selber im Internet eine Krebsdiagnose ohne Heilungschance gestellt hat und zwei Tage lang in apokalyptischer Stimmung vor sich hin starrte, in dubiosen Foren Beiträge postete und gar nichts mehr lernen konnte, weiß, dass es lebensbejahender ist, sich im Internet zum leichten Zeitvertreib in Bibliotheken auf anderer Leute Leben zu kaprizieren, nicht auf das eigene.

Denn auch wenn ich mich im Leben nicht für meine ehemalige Schulkameradin Kerstin interessiert habe, habe ich mir neulich – seitdem wir plötzlich Freunde bei Facebook sind – ihre gesamten 12 Fotoalben angesehen und weiß jetzt, dass ihr letzter Urlaub in Portugal total schön gewesen sein muss und dass sie leider neulich durch ihr zweites juristisches Staatsexamen gefallen ist, was natürlich viel lustiger ist, als selber einen Schlaganfall zu haben.

Und es ist ja nun nicht so, als würde man damit wie ein Stalker ungewollt anderen Menschen nachstellen, die das überhaupt nicht wollen. Menschen, die alle zwei Minuten mit uninteressanten Dingen wie »Martina arbeitet gerade, kotz!«,

»Linda putzt die ganze Wohnung«, »Mark lernt im Café soundso« ihr Facebook-Profil unter dem Stichwort »Was machst du gerade« aktualisieren, wollen es ja nicht anders. Außerdem ist es in Wirklichkeit ja nicht so, dass Martina in dem Moment gerade arbeitet, kotz, Linda gerade die ganze Wohnung putzt und Mark gerade im Café soundso lernt, sondern Martina, Linda und Mark hängen gerade bei Facebook rum, kommentieren sich gegenseitig, schlagen Zeit tot und wollen Aufmerksamkeit, die sie von mir bekommen. Würden nicht so viele Menschen zu Hause, im Büro oder in der Bib sitzen und Alternativbeschäftigungen suchen, um Arbeit aus dem Weg zu gehen, StudiVZ würde es längst nicht mehr geben.

Der Vorteil des Lernens in der Bibliothek ist zumindest, dass man weniger Dinge tun kann, die nichts mit Lernen zu tun haben. Man kann dort keinen Tee kochen. Und man trifft dort fast nie Menschen, mit denen man sich unterhalten möchte. Man kann in der Bibliothek keine Waschmaschinen ansetzen. Man kann nicht telefonieren. Man kann keine Kochrezepte mit möglichst exotischen Zutaten, für deren Beschaffung man einen halben Tag durch Berlin fahren muss, ausprobieren. Man kann kein Päuschen vor dem Fernseher machen, das sich ungewollt zu einem Fernsehabend auswächst. Der Nachteil des Lernens in der Bibliothek hingegen ist, dass man in der Bibliothek keinen Alkohol trinken kann.

Meine erste Mitbewohnerin Lena und ich übernahmen uns regelmäßig mit Seminararbeiten. Bei unseren Dozenten war es meist erlaubt, Hausarbeiten zu zweit zu verfassen, die dann dafür die doppelte Länge der Arbeit einer Einzelperson umfassen mussten. Wir hatten regelmäßig in zwei Wochen etwa vier Hausarbeiten zu schreiben. Zu diesem Zwecke gingen wir die letzten zwei Wochen der Ferien in unserer Wohnung in Klausur und verließen sie nur noch, um Zigaretten, Alkohol oder Nudeln zu kaufen. Alle diese Wege außerhalb der Wohnung mussten außerdem in wollener, gemusterter Hausjacke über unansehnlichem Homejogger zurückgelegt werden, damit auf diese Weise garantiert wurde, nicht heimlich länger als nötig draußen zu bleiben und Abstecher in die nahe gelegene Einkaufsstraße zu machen. Man wollte schließlich die Wahrscheinlichkeit gering halten, in diesem Aufzug gesehen zu werden.

Private Telefonate eines Einzelnen durften nicht länger als fünf Minuten betragen. Diese Zeit durfte der andere darauf verwenden, Schnittchen zu schmieren, zu lüften, im aktuellen Text alle »dann« durch textverlängernde »anschließend« zu ersetzen oder die Seitenränder des Dokuments unmerklich um einige Millimeter zu verschieben.

Die kreativste Phase unserer Arbeit setzte immer dann ein, wenn jede von uns schon etwa eine Dreiviertelliterflasche Wein getrunken hatte. Eine seltsame Phase, eine explosive Mischung aus Verzweiflung, Übernächtigung, Bockigkeit und geballtem Halb- und Schlagwortwissen. Es gab Tage, an denen wir uns nachts um zwei über die verschiedenen Auffassungen zu den Aspekten des Schmerzbegriffes in Baudelaires Werken fast auf dem Flokati unseres Wohnzimmers geprügelt hätten und ich plötzlich in Bezug auf Baudelaire von einem »Phantombegriff« sprach und Lena wütend erwiderte, wenn ich ihr jetzt so kommen würde, dann solle ich gefälligst mal einen Blick auf Baudelaires »Tagebuchnotizen« werfen.

Den nächsten Tag verbrachten wir dann so lange damit, den geschriebenen Text der Vornacht wieder logisch nachvollziehen zu können und in ganzen deutschen Sätzen aufzuschreiben, bis nach 17 Uhr unter allgemeiner Begeisterung wieder getrunken werden durfte. Schwierige Wochen, die aber Semester für Semester gern in Kauf genommen wurden.

Obwohl alles Handeln darauf ausgelegt war, bloß nicht ein einziges Mal zu viel einen Fuß in die Bibliothek setzen zu müssen, kam man am Ende einer Hausarbeitenphase leider trotzdem oft nicht an einem weiteren Bibliotheksbesuch vorbei. In dem Moment nämlich, in dem man feststellt, dass man irgendwann in dem miesen, fiebrigen, zweitägigen Kopiermarathon vergessen haben muss, die Literaturangaben des losen Blätterkonvoluts sorgfältig genug mitzuschreiben. Es fehlten entweder die genauen Seitenzahlen, um Zitate zu belegen, die beim Kopieren abgeschnitten wurden, oder aber die Auflage des verwendeten Buches. Bei jeder neuen Seminararbeit nahm man sich vor, diesmal alles sorgfältiger zu erledigen und genauestens zu überprüfen, um sich hinterher Mehrarbeit zu ersparen. Man schafft es natürlich beim nächsten Mal nicht.

Allerdings kann man auch in diesem Fall Entwarnung geben. Denn wenn man wirklich zu erschöpft ist und außerdem weder Zeit noch Muße hat, alle fehlenden Angaben im Zuge eines weiteren, zermürbenden Bibliotheksbesuchs zu ergänzen, kann man im Einzelfall auch mal Fünfe gerade sein lassen. In diesem Fall darf man sich auch ruhig mal die verwendete Auflage eines Buches ausdenken und beispielsweise einfach seine persönliche Lieblingszahl in die Bibliographie eintragen. Und die zwei oder drei fehlenden Seitenangaben denkt man sich auch aus. Und weil auf einmal alles so problemlos vollständig aussieht, ohne dass man dafür eine Stunde durch Berlin gefahren ist, ergänzt man auch das eine fehlende Wort eines Zitats durch ein nach eigenem Ermessen logisch erscheinendes Wort. Geht doch! Man könnte ja schließlich, im Falle eines Auffliegens dieser Machenschaften, immer noch behaupten, es sei ein Versehen gewesen. Aber es wird niemandem auffallen. Und Gelegenheit macht schließlich Diebe. Ich spreche aus Erfahrung.

»Wo liegen denn Ihre Interessen?«

Wenn Leute auf WG-Partys plötzlich ab zwei Uhr schon mal den Müll einsammeln, ist nichts mehr, wie es war. Soll man es ignorieren und einfach weiter »Kiss« von Prince singen oder so tun, als müsste man morgen auch früh raus, um zu joggen und Zeitung zu lesen?

Es gibt Dinge, die vergisst man nicht. Die hört oder sieht man, manchmal auch nur ein einziges Mal, und man weiß sofort, dass man sie niemals wieder loswird. Das ist an sich überhaupt nicht schlimm. Eigentlich ist ein intaktes Gedächtnis ja sogar etwas Schönes.

Es wäre natürlich noch schöner, wenn man sich nicht an die vollständigen Vornamen aller Kinder von Heidi Klum und Ehemann Seal, der übrigens nicht die Narben einer sehr starken Akne im Gesicht trägt, sondern an der Autoimmunkrankheit Lupus erythematodes leidet – ebenfalls eine Information, die man sich nicht unbedingt merken müsste –, erinnern könnte, sondern stattdessen vielleicht an die vollständigen Namen der Außenminister der EU-Staaten oder wenigstens an fünf davon.

Das Argument, dass diese Namen oft kompliziert sind und mit einem fremd erscheinenden Phoneminventar arbeiten, das schlecht zu merken und auszusprechen ist, gilt nicht, denn Heidi Klums jüngster Sohn hört auf den Namen Johan Riley Fyodor Taiwo Samuel.

Die Informationen, die man für immer im Gedächtnis behält, müssen nicht einmal Fakten sein, sondern es reichen auch Gesprächsinhalte voller Spekulationen und nicht verifiziertem Hörensagen. Natürlich geht es auch hier nicht um Spekulationen der Art, wie sich etwa die CSU neu erfinden könnte, um Strategien, die das Schmelzen der Polkappen zum Stoppen bringen könnten, oder eine Antwort auf die Frage, wie mit dem demographischen Wandel langfristig umzugehen sei. Neulich hat mir jemand erzählt, Udo Lindenberg hätte eigentlich überhaupt keine langen Haare, sondern bei den dunklen Haaren, die am unteren Rand seines Hutes herausgucken, handele es sich in Wirklichkeit um am Hut befestigtes Kunsthaar. Er trüge also eine Art Karnevalshut, vom Prinzip her ähnlich wie diese großen Karnevalsbrillen, an denen auch noch gleich ein buschiger Schnauz befestigt ist und eine Gumminase, in der sich in warmen Karnevalskneipen durchs Atmen Kondenswasser sammelt das irgendwann aus der Gumminase in den Schnauz tropft.

Udo Lindenberg – sagte der Gesprächspartner – hätte nämlich schon lange keine Haare mehr, vor allem ja wohl keine schwarzen. Ob diese verstörende Behauptung stimmt, weiß ich nicht. Vergessen werde ich sie dennoch niemals mehr.

Das eigene Langzeitgedächtnis ist leider sehr selektiv. Wenn man immer noch alle alten Festnetztelefonnummern sämtlicher Schulfreundinnen und -freunde auswendig weiß, von denen natürlich keine einzige mehr aktuell ist oder irgendeinen anderen Zweck erfüllt, dann imponiert man damit nur ganz wenigen Menschen, und man wird zudem das Gefühl nicht los, diese Nummern nähmen unnötige Kapazitäten im Gehirn in Beschlag, die dann nicht mehr für wichtigere Informationen zur Verfügung stehen.

Meist ist nicht ganz nachvollziehbar, welche registrierten Informationen Einzug ins eigene Langzeitgedächtnis halten, man bemerkt nur, dass man beispielsweise gerne die Erinnerung an den kompletten Text des deutschen Beitrags zum »Grand Prix d'Eurovision de la Chanson« des Jahres 1998, nämlich Guildo Horn und die Orthopädischen Strümpfe mit dem Titel »Guildo hat euch lieb«, eintauschen würde gegen die Erinnerung an zum Beispiel drei berühmte Mozart-Melodien.

Wenn man Schwierigkeiten hat, die Mitglieder des aktuellen Bundeskabinetts namentlich und vollständig aufzuzählen, und dafür aber immer noch aus dem Effeff weiß, wie die Mitglieder der »New Kids on the Block« und ihre größten musikalischen Erfolge hießen (plus vollständiger Text und – falls vorhanden – dazugehöriger Tanzschritt), dann ist das nicht schön. Wenn man sich überhaupt nicht mehr daran erinnert, wie das mit Fidel Castro, der »Kubanischen Revolution« und Batista war und was noch mal genau überhaupt die Kuba-Krise ist, dafür aber daran, dass Fidel Castro sich 2007 nach einer Darmoperation vom Krankenhausbett den Fernsehkameras in einem Adidas-Jogginganzug in den Nationalfarben Kubas zeigte, kann man damit in der Regel bei anderen Leuten keinen Eindruck schinden.

Julia beispielsweise hatte sich für ihre mündliche Magisterprüfung mangels Alternativen das Thema »Die Französische Revolution« aufschwatzen lassen und sich zwecks Vorbereitung vierzehn Tage lang in ein All-inclusive-Hotel an der türkischen Riviera zurückgezogen, wo sie tagsüber am Pool lernte und abends zum festen Bestandteil des Animierprogramms des Ferienclubs wurde. Sie konnte den Clubtanz auswendig, schmetterte umgedichtete Clublieder zur Melodie von »An der Nordseeküste«, tanzte »Macarena« und führte das Team »Zitrone« mehrfach gegen das Team »Banane« im Luftmatratzen-Rennen im Hotelpool zum Sieg. Die Uni-Prüfung absolvierte sie mit der Sommerbräune von Costa Cordalis und einer guten Note.

Julia sagt, sie würde heute – nur knappe anderthalb Jahre später – nur noch mit großer geistiger Anstrengung überhaupt wenigstens die Hauptakteure der Französischen Revolution aufzählen und noch nicht mal mehr so richtig sagen können, wer eigentlich die Jakobiner noch mal waren. Den Clubtanz allerdings, den würde sie wohl noch hinkriegen.

Trotzdem war Julias gewähltes Schwerpunktthema nicht spurlos an ihr vorübergezogen, sondern einige Informationen waren hängen- und in ihrer Erinnerung seitdem fest verhaftet geblieben: Sie sagt, sie könne sich zum Beispiel daran erinnern, dass Ludwig XIV, der Inbegriff des französischen Absolutismus, sich angeblich aus Angst vor dem Zahnarzt und wegen unheimlichen Mundgeruchs präventiv alle seine Zähne habe ziehen lassen, woraufhin er sein Essen zum Teil unzerkaut herunterschlucken musste, eine Tatsache, die dann wiederum zu Verdauungsproblemen führte und dazu, dass der Sonnenkönig oft Abführmittel verwenden musste, die wiederum Blähungen verursachten. Er übertünchte üble Gerüche mit großen Mengen Parfum. Oft, so behauptet Julia, mussten ihm auch zwei Diener vorauslaufen, die den umstehenden Untertanen Parfum entgegensprühten.

Und Julia erinnerte sich außerdem an das hübsche, aber damals für ihre Magisterprüfung ebenfalls unverwertbare Detail, dass Ludwig XIV. bei den zahlreichen am Hof von Versailles aufgeführten Theaterstücken sich selber stets in gelben

Strumpfhosen die schauspielerische, meist stumme Rolle der Sonne reservierte. Oft auch tanzend.

Das eigene selektive Gedächtnis kann natürlich auch zu einem unangenehmen Fallstrick werden. Julia absolvierte mal ein Praktikum bei einer großen Zeitung und stieg an einem Morgen zu zwei Redakteuren in den Fahrstuhl, um in den dritten Stock zur täglichen Redaktionskonferenz zu fahren.

Zwei Wochen schon hatte sie ein zwar stilles, aber einigermaßen kompetent und seriös wirkendes Verhalten glaubhaft gemacht. Sie hatte ihre Art perfektioniert, bei kompletter Ahnungslosigkeit ein möglichst intelligentes Gesicht zu machen und trotzdem wissend zu nicken, empört den Kopf zu schütteln oder ihn abwägend von einer Seite zur anderen zu neigen, sobald es um Genmais oder die EU-Verfassung ging. Dennoch hatte Julia das Gefühl, einen eher blassen, unscheinbaren Eindruck im Praktikum zu hinterlassen, was sie natürlich nicht wollte und weswegen sie sich manchmal zwang, sich aktiv in Gespräche einzubringen.

Die zwei Redakteure im Fahrstuhl grüßten nicht, sondern nickten nur unmerklich und setzten ihr Gespräch fort: Welche Geschichte müsste man unbedingt jetzt »bringen«, was ist das Thema des Tages, und wer hat eigentlich die dickere Hose?

Julia stand vor ihnen und starrte konzentriert auf die schleichende Etagenanzeige und wünschte sich, einfach die Treppe genommen zu haben.

Das Praktikum ist einige Jahre her, es war die Zeit, in der die Fotos vom damaligen Verteidigungsminister Rudolf Scharping, den SPD-Freunde bis dahin übrigens gern »Genosse

Scharfsinn« nannten (wieder ein hängengebliebenes unnützes Detail), auftauchten, wie er mit seiner Freundin Kristina Gräfin Pilati von Thassul zu Daxberg während seines Urlaubs in einem Pool herumtollte und anschließend die Honorarzahlungen des umstrittenen Frankfurter PR-Beraters Moritz Hunzinger bekanntgeworden waren, welche wiederum in die sogenannte Hunzinger-Affäre und Scharpings anschließende Demission mündeten.

Die zwei Redakteure im Fahrstuhl standen hinter Julia, und der eine sagte: »Den Schwerpunkt könnte man ja auch über Hunzinger machen.« Julia witterte ihre Chance, ins Gespräch eingrätschen zu können und Sachverstand zu demonstrieren, drehte sich um und fragte übereifrig: »Echt? Über die Exfrau von Eros Ramazotti?«

Trotzdem muss man nicht denken, man wäre blöder als andere Menschen. Denn nicht jeder, der, sobald es um die Finanzkrise geht, laut sagt, er würde davon abraten, hohen Renditeversprechen zu folgen, und Hedgefonds seien doch eh Rattenfänger, weiß überhaupt, was ein Hedgefonds ist.

Jeder Mensch hat ja eine gewisse Anzahl von Sätzen, die man sich irgendwann einmal gemerkt hat und die man immer wieder sagt, um klug dazustehen und Wissen in bestimmten Bereichen vorzutäuschen.

Ich zum Beispiel erwähne gerne, dass »Jacques' Weindepot« zum »Metro-Konzern« gehört, weil das irgendwie so schön nach Wirtschaftswissen klingt. Nina erzählt ständig, dass die Kriminalitätsrate in Singapur ja nur deswegen so gering sei, weil Singapur die härtesten Gesetze der ganzen Welt habe. Lena betont oft, dass man die Paschtunen dringend mehr in die Regierung in Afghanistan einbeziehen müsste. Antonia hat endlich zugegeben, dass sie noch nie in dem Goethe-Band auf ihrem Nachttisch gelesen hat, sondern höchstens mal geblättert und dass sein eigentlicher Zweck von vornherein der gewesen sei, Eindruck vor dem neuen Freund zu schinden, der wiederum ständig erwähnt, dass der Gazastreifen ja übrigens einer der am dichtesten besiedelten Gebiete der Welt sei.

Bei diesen zurechtgelegten Sätzen ist es sehr wichtig, dass sie beiläufig erwähnt werden und sich wirklich gut in den Gesprächsverlauf einfügen. Schnell wirkt man ansonsten nämlich altklug und aufmerksamkeitheischend. Außerdem ist es wichtig, dass es sich bei den Weisheiten nicht um Informationen handelt, die eh schon jeder kennt oder die so abgedroschen sind, dass sie keiner mehr hören kann und will.

Man darf also nicht sagen, dass Madonna vielleicht nicht die größte Sängerin, wohl aber eine der größten Entertainerinnen der Welt ist. Gleiches gilt für Robbie Williams. Man sollte auch nicht sagen, dass man zu den Niederlanden streng genommen nicht Holland sagen darf, weil Holland nur ein Teil der Niederlande ist und eigentlich, um genau zu sein, nur zwei Provinzen der Niederlande umfasst. Außerdem muss man nicht anmerken, dass sich in den Schalen einer Kartoffel die meisten Vitamine befinden und dass Pellkartoffeln daher geschälten Kartoffeln vorzuziehen seien. Ebenso darf man nicht mehr erwähnen, dass Romy Schneider das Sissi-Image in Deutschland ja leider nie losgeworden ist und sie ihr beeindruckendes schauspielerisches Talent bedauerlicherweise nur in Frankreich wirklich ausleben konnte.

Natürlich kann man nur andere und nicht sich selbst über eigene Defizite hinwegtäuschen. Bei einem selber führt die

Tatsache, dass man sich in genau den Gebieten gut auskennt, die eben nicht förderlich sind, sofort von anderen Menschen für tiefsinnig und intellektuell gehalten zu werden, dazu, dass man oft ein schlechtes Gewissen hat und sich daher ständig vornimmt, dass das ein Ende haben soll, dass man seriöser und erwachsener werden möchte und sich morgen das ganze Leben zu ändern hat, und zwar allerspätestens morgen.

Die Maßnahmen zur sofortigen Änderung des eigenen Lebens beginnen meist gleich am Abend mit einem beherzten Griff zu Dietrich Schwanitz' Bestseller »Bildung – alles was man wissen muss«. Ein Buch, mit dessen Hilfe man erwartet, dass man in drei, vier harten Leseabenden all das nachholen kann, was man Jahre lang hat schleifen lassen. Ein dickes Buch, das wohl jeder schon zehnmal begonnen hat und bei dem man dann bei jedem neuen Anlauf irgendwo in der griechischen Mythologie hängenbleibt. Das Einzige, was man am Ende noch weiß, ist, dass Göttervater Uranos von seinem Sohn der Penis abgeschnitten und ins Meer geworfen wurde, woraus anschließend Liebesgöttin Aphrodite entstand.

Man schließt im Eifer des Gefechts außerdem sofort online mindestens zwei Zeitungs- oder Zeitschriftenabonnements ab, bei denen es sich nicht um die »Gala« handeln sollte, sondern nur um Magazine, in denen niemals oder höchstens im Todes- oder Entführungsfall durch somalische Piraten die Rede von Angelina Jolie und ihrem mittlerweile völlig verweichlichten Ehemann sein darf, oder um Zeitungen, die nur Text und wenn möglich nicht mal ein Bild auf der Titelseite haben.

Und weil man es diesmal wirklich ernst meint mit dem neuen, erwachsenen, klugen Leben, werden die Abonnements auch gleich für zwei Jahre abgeschlossen. Keine halben Sachen mehr.

Bei der Abonnement-Prämie entscheidet man sich daher zwar mit einer leichten, aufsteigenden Trauer, aber dennoch knallhart gegen den »Nintendo DS« und für eine moderne, praktische Schreibtischlampe und stellt sich den Wecker für den nächsten Tag auf halb sieben. Man will schließlich joggen gehen, ohne Musik auf dem iPod, dafür aber vielleicht mit dem Hörbuch von »Der Zauberberg«, »Auf der Suche nach der verlorenen Zeit« oder anderen Klassikern. Wollte man ja schon immer mal gelesen haben. Körperliche und geistige Ertüchtigung gleichzeitig. Zwei Fliegen mit einer Klappe. Deal ist Deal.

Zum Frühstück gibt es ab sofort und für immer nur noch Obstquark, dem höchstens noch ein paar Körner oder Haferflocken hinzugefügt werden dürfen. Fisch müsste man auch mal wieder mehr essen, Omega-3-Fettsäuren sind wichtig, gerade auch für die geistige Fitness, mindestens einmal die Woche ab heute. Fischstäbchen und Calamari fritti zählen nicht. Und ausgehen will man jetzt auch nicht mehr, denn einen richtig anständigen Kater wird man mittlerweile auch erst nach zwei Tagen wieder los.

Außerdem hat man ab jetzt in seinem neuen Leben ja auch gar keine Zeit mehr für einen Kater, weil man am Wochenende endlich mal seinen ganzen Ramsch auf dem Flohmarkt verkaufen oder bei eBay reinstellen wird. Und falls man doch mal ausgeht, dann verschwindet man spätestens nach zwei Weinschorlen nach Hause, dann wird man vielleicht auch mal irgendwann diese Plauze los, die nämlich kein Babyspeck mehr ist.

Der Plan scheitert so schnell, wie er gekommen ist. Und eigentlich hätte man das auch vorher wissen können. Nachdem man beim Joggen in unvorteilhafter Montur jemanden getroffen hat, den man nicht mal gut zurechtgemacht würde treffen wollen, steht man eben nicht mehr um halb sieben auf. Nachdem man den Obstquark siebenmal hintereinander zum Frühstück hatte, bekommt man zunehmend Schwierigkeiten, ihn herunterzuschlucken, kann ihn dann nicht einmal mehr ansehen und isst stattdessen lieber wieder vier Nutellabrote.

Und spätestens während man mitten in der Nacht das Gefühl bekommt, dass man jetzt sofort dafür sorgen muss, dass aus einem doch noch etwas Großes wird, und man sich doch noch mal schnell in alle Richtungen orientieren sollte, bevor man sich endgültig festlegen muss und man plötzlich am Computer sitzt und in einer Bewerbung schriftlich darlegt, warum man sich erst jetzt, in bereits fortgeschrittenem Alter, dazu entscheidet, eine Karriere im Auswärtigen Amt anstreben zu wollen, verliert man den Faden.

Die fiese animierte Büroklammer des Word-Programms hat sich in der rechten Ecke des Dokuments provozierend zusammengerollt, ihre Comic-Augen geschlossen und tut so, als würde sie schlafen. Irgendwann wacht sie wieder auf und vermutet neunmalklug und naseweis »Anscheinend wollen Sie einen Brief schreiben«. Wenn man in das »Bitte geben Sie Ihre Frage ein«-Feld der Word-Büroklammer das Wort »Arschloch« eingibt, macht sie große, dumme Augen, blinzelt und schreibt zurück: »Ich verstehe Ihre Frage nicht!« und man wünscht sich ein kleines Stück ihrer Gelassenheit.

Natürlich ist nichts fertig geworden. Nicht mal eine läppische Bewerbung für einen Job, für den man sowieso überqualifiziert wäre, der aber dennoch ein Anfang hätte sein können. Nur unfertiges Stückwerk. Aber diese eine doofe Bewerbung wäre höchstwahrscheinlich auch dann nicht am Montagmorgen abgeschickt worden, wenn man nicht zwischendurch mit dem Konzept für den Aufbau einer Jugendbegegnungsstätte in einem Problemviertel begonnen hätte. Sie wäre vielmehr so lange liegen geblieben, bis man beim nächsten Besuch bei den Eltern nach Briefmarken gefragt hätte.

Die Programme auf dem Computer werden geschlossen, man ist müde, sehr müde, die Pläne werden vorerst auf Eis gelegt, eine Ideenbrache in dem Ordner »Diverses privat« auf dem Computer. Darüber sollte eigentlich wenigstens die neue Schreibtischlampe, das Geschenk vom Zeitungs-Abonnement, leuchten. Leider wurde sie defekt geliefert. Man schafft es nicht, sie zurückzuschicken und Ersatz einzufordern. Alles ist beim Alten. Die Phase ist vorbei.

Und auch in Zukunft wird man in den wirklich interessierten Momenten nicht der Frage nachgehen, warum in Hamburg der Landtag eigentlich Bürgerschaft heißt und in Berlin Abgeordnetenhaus. Man wird auch nicht nachlesen, warum der Bürgermeister in Berlin »Regierender Bürgermeister« heißt und nicht etwa »Oberbürgermeister« oder »Erster Bürgermeister«. Und was ist noch mal ein Überhangmandat?

Die Fragen, über die man sich stattdessen ernsthaft den Kopf zerbricht, bleiben weiterhin Fragen wie: warum große Matratzengeschäfte sich eigentlich immer an Straßenecken befinden, warum sich die Kabel von Kopfhörern nach zwei Sekunden Aufenthalt in einer Handtasche so verknoten, als hätte man mit ihnen zwei Wochen lang Gummitwist gespielt, warum sich bei einer Kopfnuss eigentlich nicht beide Menschen weh tun, sondern nur der, der sie bekommen hat, wie lange es bei »Praktiker« eigentlich noch 20 Prozent auf alles gibt, warum dieses Angebot nicht für Tiernahrung gilt und wieso man in einem Baumarkt überhaupt Hundefutter kaufen kann.

Und man sitzt weiterhin allein am Frühstückstisch und isst seine Nutellabrote.

Es hat viele Vorteile, allein in einer Wohnung zu leben. Man kann zum Beispiel ungestört nudistischen Neigungen nachgehen und mit nacktem Po auf einem Holzstuhl in der Küche sitzen und frühstücken, wenn man das mag. Man kann sein benutztes Geschirr so lange in der Spüle oder auch auf dem Nachttisch stehen lassen, bis man sich selber fühlt wie ein Schwein. Dafür kann man aber auch die Schuld für ungespültes Geschirr und Unordnung einzig und allein sich selber geben und sie nicht auf andere abwälzen, die angebliche WG-Dienstpläne vernachlässigt hätten.

Man kann in seiner eigenen Wohnung immer selbst entscheiden, wann Ruhe zu halten ist, und man herrscht völlig allein darüber, ob es in diesem Haushalt Balkonpflanzen gibt, wann genau diese Balkonpflanzen sterben müssen und ob die Kadaver nach ihrem Ableben entsorgt werden oder einfach bis zum nächsten Jahr auf dem Balkon stehen bleiben. Man kann allen Menschen, die man kennt, glaubhaft vermitteln, dass man keine Ahnung habe, warum der Streit mit dem Freund neulich so eskaliert ist, man selber sei aber dabei zumindest die Ruhe selbst gewesen, und niemand wird einem nachweisen können, dass man sich in Wirklichkeit wie Naomi Campbell benommen hat, denn alles geschah in der stillen Abgeschiedenheit der eigenen vier Wände.

Trotzdem hat das Alleinwohnen natürlich auch Nachteile gegenüber dem WG-Leben, und die werden einem sehr schnell bewusst, wenn man hungrig den eigenen Kühlschrank öffnet und feststellt, dass sich in ihm seit Tagen schon nur Remoulade und der sichelförmig ausgeweidete Rest eines unnatürlich gelben jungen Goudas befinden. In diesen Momenten bemerkt man, dass die Organisation der eigenen Verköstigung und die gesamte ausgewogene Ernährung der letzten Jahre einzig auf das Konto einer Mitbewohnerin mit ausgeprägtem sozialem Verantwortungsbewusstsein gingen.

Sowieso bringen Mitbewohner eine Reihe Pluspunkte mit sich, die ein Leben in Wohngemeinschaften erstrebenswert machen. Gerade dann nämlich, wenn man sich in einer Lebensphase befindet, in der es vorkommt, mit sich selbst und den eigenen Fähig- und Fertigkeiten völlig im Unreinen zu sein.

Mitbewohner sind nämlich Menschen, die einem nichts vormachen können, weil man sie meist in jeder erdenklichen Lebenslage schon einmal erleben durfte. Mitbewohner können sich vor Mitbewohnern auf Dauer nicht besser darstellen, als sie sind. Daher gibt es viele Mitbewohner, die man sehr liebt, obwohl man sie nicht mal besonders nett findet. Die einem das gute und beruhigende Gefühl geben, dass man sich um sich selber eigentlich überhaupt keine Sorgen machen muss, obwohl man die abonnierte Zeitung nur eine Woche gelesen hat und das Konzept für den im »Spiegel« zu veröffentlichenden politischen Essay leider in den sehr kleinen Kinderschuhen stecken geblieben ist, weil es immer Menschen geben wird, die noch inkonsequenter sind und weil es bei jeder Stufe, auf der man sich selber befindet, immer noch eine Stufe darunter gibt.

Wenn man morgens in die WG-Küche kommt, bevor man zum Beispiel zum unbezahlten, anstrengenden Praktikum aufbricht, bei dem man immer als Erste da ist und als Letzte geht und bei dem man sich so geschmäht fühlt wie jemand, der in der Öffentlichkeit eine Brotbox mit geschnittenen Äpfeln, Bierschinkenstulle und einer Handvoll bereits vom Stengel gepflückter Weinträubchen ausgepackt hat, und sieht dort am Küchentisch den eigenen Mitbewohner schlafend mit nach vorne gekipptem Kopf und Doppelkinn vor einer Armada leerer Bierflaschen auf einem Stuhl sitzen, dann geht man vergnügt in den Tag.

Wenn man den Mitbewohner dann wecken würde, zum Beispiel durch das Malen eines Hitler-Bärtchens oder durch den Kamerablitz, während man ein kompromittierendes Foto von ihm schießt, und ihn fragen würde, um welche beiden ethnischen Gruppen es damals beim Völkermord 1994 in Ruanda noch mal ging, er wüsste es mit großer Wahrscheinlichkeit nicht und würde doof gucken und vielleicht so tun, als läge dies an seiner Müdigkeit und der durch seine Schlafposition hervorgerufenen Nackenverspannung.

Dann würde man fröhlich die korrekte Antwort »Hutu und Tutsi« flöten, so als handele es sich um zwei Zeichentrickfiguren im Kinderfernsehen, und das Haus verlassen. Sofort fühlt man sich besser. Gebildet, karriereorientiert, erwachsen und sehr erfolgreich. Der Idiot ist nicht mehr man selbst, sondern der noch blödere Mitbewohner.

Vor kurzer Zeit habe ich ein WG-Zimmer in Köln gesucht, da ich zeitweise in zwei Städten arbeitete. Als ich daher in diversen Internetportalen nach geeigneten Wohngemeinschaften suchte, musste ich feststellen, dass das durchschnittliche

Alter meiner zukünftigen, potentiellen Mitbewohner bei etwa 22 Jahren lag. Für mein Alter ist die WG ein Auslaufmodell. Wer jetzt noch in einer WG wohnt, darf schon mal nostalgisch werden, lange wird nämlich nichts mehr beim Alten bleiben. Vielleicht dauert es noch zwei Monate, vielleicht auch ein halbes Jahr, vielleicht sogar noch zwei Jahre. Aber nur, wenn sich nichts anderes ergibt. Egal, wie lange es noch dauert – es ist eine Gnadenfrist.

Wenn in meinen befreundeten WGs jetzt jemand auszieht, wird meistens kein neuer Mitbewohner mehr gesucht, es »lohnt« sich nicht mehr, sondern es kommt entweder der Partner eines WG-Bewohners dazu, und alle Räume werden mit einer eigenen Deckenlampe ausgestattet, oder alle ziehen aus und versuchen die Wohnung unrenoviert und auch ein bisschen traurig an eine Gruppe jüngerer Leute zu vermieten, die die Zeit noch vor sich haben und die sagen, es mache ihnen nichts aus, dass das eine Zimmer ein Durchgangszimmer sei und dass der eine also immer nachts beim anderen durchs Zimmer wanken muss, wenn er nach Hause kommt oder aufs Klo möchte.

In den Internet-Anzeigen der Leute meines Alters wurden ebenfalls nur wenige WG-Zimmer angeboten, sondern meist die kompletten Wohnungen, weil sich die WGs derjenigen, die die Uni beendet und vielleicht den ersten Job gefunden haben oder dachten, dass es an der Zeit sei, in ein anderes Stadium des Zusammenlebens überzugehen, auflösten.

Menschen, die mit 30 noch damit beginnen, WGs zu gründen, anstatt sie aufzulösen, gibt es zwar auch, sie gelten aber zu Recht als ein wenig suspekt. Ihr Ruf eilt ihnen voraus. Bei diesen Menschen denkt man immer auch gleich an Dinkel-Sitzsäcke und Trinksolen aus Ursalz. Man würde immer gleich befürchten, dass man in diesen Wohnungen auch die Türen – falls es dort Türen überhaupt gibt – nicht schließen darf, dass den ganzen Tag Räucherstäbchen in kleinen chinesischen Schälchen abbrennen, dass es einen Einkaufsplan für vegane Kost gibt, dass man dort gemeinsam mit den 15 Mitbewohnern auch Kinder und Hunde großziehen würde und dass es dort riecht wie in einem »Spinnrad«-Laden.

In einer nicht unsympathischen Internet-Anzeige schließlich konnte ich lesen, dass drei »lustige, entspannte Studis, die auch gern mal in der Küche beim gemeinsamen Bier ungezwungen zusammensitzen« einen Mitbewohner respektive eine Mitbewohnerin suchten. »No Zweck-WG!«

Da ich mich mit der Ankündigung von Saufabenden, die ich zwischen den Zeilen zu lesen glaubte, gut identifizieren konnte, bei denen ich womöglich noch als Stammesälteste am Kopfe der spärlich gedeckten WG-Tafel eine gewisse Autorität ausstrahlen würde – eine Rolle, die mir in meinem echten Leben ansonsten in der Regel vorenthalten bleibt –, ignorierte ich den von mir von jeher als sehr abschreckend empfundenen Begriff »Studi« sowie die Tatsache, dass Menschen, die von sich selber behaupten, »entspannt« zu sein, meist entweder die unentspanntesten Menschen des gesamten Planeten sind oder aber solche, die mit dem Kloschwamm manchmal auch das Geschirr spülen. Aber man wird sich irgendwie schon arrangieren können, dachte ich, man ist ja auch so ganz ungefähr im gleichen Alter.

Ich fand es also nicht unrealistisch, mit einer Horde 20-Jähriger zusammenzuwohnen, und willigte daher ein, als mir die lustigen drei Studis für den Abend eine Art virtuelles Casting mit einer Webcam vorschlugen, die ich mir nach meinem fröhlichen »Ja, eine Webcam hab ich, na klar« von einer jüngeren Nachbarin leihen musste und so schlecht zu bedienen wusste, dass die drei die ersten wackligen fünf Minuten sicher gedacht haben, ich führte einen Ausschnitt des Films »The Blairwitch Project« vor.

Eine Webcam. Ein Gebrauchsgegenstand, der für mich etwas seltsam Futuristisches hat. Wahrscheinlich deshalb, weil man diese Art »Bildtelefon« aus 90er-Jahre-Filmen kennt, die darstellen sollten, wie es im Jahr 2000 auf der Welt sein wird. Ich fühlte mich im Umgang mit diesem mir unbekannten Gerät, das in meiner Jugend nur Menschen ohne Freunde besaßen, wie viele Mütter von uns Menschen um die 30 sich fühlen müssen, die der schnelle Aufstieg des Computers, des Internets und all seiner Funktionen heillos überfordert hat und die einfach nicht verstehen, wie das alles überhaupt funktioniert und was das ist und soll.

Trotzdem geben diese Mütter sich alle Mühe, weil sie ansonsten sehr gebildete Menschen sind und zu ihrem Leidwesen mitbekommen haben, dass Computer nicht einfach nur Schreibmaschinen sind, bei denen man auch löschen kann, sondern dass sie aus dem Alltag nicht mehr wegzudenken sind und dass man langsam auch die Tageszeitungen und Nachrichten nicht mehr versteht, wenn man nicht weiß, was das Internet ist.

Meine Freundin Antonia muss regelmäßig bei Elternbesuchen am Computer ihres Vaters sitzen und mit ihrer Mutter bzw. für ihre Mutter, die mit einer Liste an Geschenkideen, Kosmetikartikeln und Haushaltsgeräten neben ihr Platz nimmt, bei eBay einkaufen. Ihre Mutter aber versteht das System bei eBay einfach nicht. Auch nicht dann, wenn man zehnmal sagt, dass eBay ein Auktionshaus sei und dass man bei Ablauf einer rechts eingeblendeten Frist der Höchstbietende sein muss, um zum Besitzer eines bestimmten Gegenstandes zu werden. Wenn also neben einem »Parker«-Füller aus Sterling-Silber und dazugehöriger dekorativer Geschenkbox der Preis von 10,50 Euro steht und es sind aber noch sieben Tage, bis die Auktion endet, dann bedeutet es nicht, dass das Produkt am Ende auch 10,50 Euro kostet.

Obwohl Antonia dies schon mehrfach dargelegt hat und sich das Prinzip ja nun auch irgendwie von selbst erklärt, sitzt ihre Mutter regelmäßig dicht neben ihr, schaut interessiert auf die verschiedenen Angebote, stützt den Kopf in die linke Hand und sagt: »Also, dieses Internet ist aber wirklich günstig, das muss ich schon sagen.«

Später beim Abendessen mit den Großeltern gibt die Mutter an, weil sie »Internetshopping« gemacht hat, und betont mehrfach ungefragt, dass sie gerade am Computer »bei E-Mail eingekauft« habe. Zweimal zischt Antonia von der Seite noch korrigierend »eBay«, dann muss sie den Raum verlassen und vor dem elterlichen Flachdachbungalow der siebziger Jahre eine Zigarette rauchen oder zwei, was sie allerdings danach mit einem scharfen »Fisherman's Friend« zu vertuschen versucht.

Beim ersten scharfen Bild des Webcam-Castings mit den lustigen Studis schauten mich drei interessierte Köpfe von einer Couch mit Ethno-Überwurf aus an wie eine Gruppe alarmierter Erdmännchen. Da ich ja immer der Meinung bin, dass ich, wenn ich schon nicht um die 20 bin, dann immerhin noch Mitte 20, war dieser Blick auf die Erdmännchen eine Art mentale Richtigstellung, ein Geraderücken meiner völlig verzerrten Selbstwahrnehmung. Denn ich fragte mich sofort, wie es möglich sein kann, dass diese winzig kleinen Menschen schon eigenmächtig eine eigene Wohnung anmieten und sie dann auch noch beziehen und ganz ohne elterliche Aufsicht darin wohnen dürfen.

Meine Reaktion war in etwa die gleiche wie die einer Bekannten, die seit etwa eineinhalb Jahren versucht, die nötige Motivation für ihr Uni-Examen aufzubringen, und sich neulich darüber echauffierte, was für komische Teenager auf einmal durch die Uni laufen würden. Es erfordert Mut und die Bereitschaft, der Realität ins Auge zu sehen, wenn man sich klarmacht, dass nicht die 19-Jährigen in der Uni die Exoten sind, sondern man selbst und dass Menschen nach bestandenem Abitur das gute Recht haben, in eigene Wohnungen zu ziehen. Auch wenn sie klein und unerfahren scheinen. Auch wenn sie noch stolz sind auf ihre Führerscheinprüfung und auf ihren gelungenen Abischerz. Auch wenn sie als Frühstück nur Toast zubereiten können und als warmes Mittagessen nur Toast aus dem Sandwichtoaster und man sie warnen möchte, weil man aus Erfahrung weiß, dass sie bald einen fahlen Teint haben und sich so fühlen werden, als würden sie demnächst Skorbut bekommen.

Als ich die drei jungen potentiellen Mitbewohner sah und erschrak, machte ich höchstwahrscheinlich ein verstörtes, blödes Gesicht, das kein Gefühl verbarg, da ich vor lauter technischem Overkill bereits wieder vergessen hatte, dass man bei einer Webcam nicht nur sein Gegenüber sehen kann, sondern ebenfalls vom Gegenüber gesehen wird.

Alle Beteiligten spürten schnell die Diskrepanzen zwischen mir und den drei 20-jährigen Videokonferenzmitbewohnern, die einen Übergangsmitbewohner suchten, weil ihr Mitbewohner Timm ein halbes Jahr in Schweden sein würde. Die anschließende Unterhaltung verbesserte nichts.

Mitbewohner 1 (langer, weich aussehender, mit Stolz (weil bereits genügend Bartwuchs) getragener Vollbart, dazu ein Gesicht wie »Chucky, die Mörderpuppe«): »*Also, das Zimmer von Timm ist 12 Quadratmeter groß. Teppich ist ein bisschen versifft, aber da kann man ein Regal drüberstellen und dafür ist es auch voll billig.*«
Ich: »*Puh, 12 Quadratmeter nur, das hätt' ich mir jetzt größer vorgestellt …*«
Mitbewohnerin 2 (große Bob-Marley-artige Wollmütze in den Farben Afrikas, um etwa drei Kilo Dreadlocks zu transportieren): »*Ja, aber sonst ist das Zimmer echt hammer. Super, super geiler Blick auf einen ICE-Bahnhof und wegen der Größe: Es hat dafür auch ein Futon und ein Hochbett.*«
Ich: »*Ein Hochbett, das will ich glaube ich nicht mehr. Da bin ich in meinem Leben schon zu oft besoffen die Treppe runtergefallen*« (albernes Kichern, das Nähe und ein Gemeinschaftsgefühl schaffen soll, aber omamäßig und sehr, sehr alt wirkt, woraufhin es abrupt endet und in nervöses Räuspern übergeht). »*Aber das könnte ich im Notfall ja vielleicht abbauen …*«
Mitbewohnerin 3 (Retro-Adidasjacke in den Farben Dunkelbraun und Orange, billiges Plagiat): »*Hey, echt nichts gegen dich als Mensch, aber damit ist Timm bestimmt nicht einverstanden. Big sorry! Das geht gar nicht!*«
Mitbewohnerin 2: »*Nää. Geht echt gar nicht …*«
Mitbewohner 1: »*Hochbett abbauen, geht gar nicht!*«

Dann schütteln alle mindestens drei Sekunden lang überzeugt und nachdrücklich den Kopf. Das sind sie Timm schuldig. Der Mann mit dem weichen Bart zuckt noch einmal entschuldigend mit den Schultern und sagt leise noch einmal »Sorry«, bevor wir uns knapp verabschieden. Ein nachdrückliches Kopfschütteln, aber auch eines voller Unverständnis darüber, dass man das Holz-Hochbett, das wie eine Art zweiter Boden in das winzige Zimmer gezogen wurde, nicht etwa als Plus, sondern als K.-o.-Kriterium ansieht.

Aber das können sie ja auch noch nicht wissen. Man kommt irgendwann aus einem Alter heraus, in dem man ausschließlich nach praktischen und nicht nach ästhetischen Gesichtspunkten urteilt und gerne eine Duschkabine aus Plastik, die dazu noch mitten in der Küche steht, in Kauf nimmt, sofern man dann hundert Euro mehr zum Ausgehen oder für zehn H&M-Oberteilchen hat.

Nach dem Ende des Gesprächs musste ich an meine erste eigene Wohnung denken. Lena und ich hatten uns an der Uni kennengelernt. Wir trafen uns bereits am ersten Tag nach Semesterbeginn, als wir beide an einer Kennlernschnitzeljagd für Erstsemester durchs verwinkelte Institut teilnehmen mussten, damit auch der letzte coole, rauchend auf dem Gang herumlungernde Student uns sofort als Erstsemester identifizieren konnte und man eigentlich nur noch um seinen alten, pinkfarbenen Scoutranzen hätte bitten müssen, um das Bild eines blöden Grundschülers zu komplettieren.

Bereits einen Tag später beschlossen wir, gemeinsam eine Wohnung zu suchen. Die Wohnungssuche ist ein hartes Unterfangen, in dem Ermüdung und mangelnde Initiative postwendend bestraft werden. Denn kein seriöser Vermieter ist scharf darauf, Wohngemeinschaften in seinem Haus zu beherbergen, die ständig ungefragt die Mitglieder wechseln, Provisionen nicht bezahlen wollen, Kautionen nicht bezahlen können, bei denen nie renoviert wird und von denen am liebsten keiner eine Hauptmieterschaft und damit einhergehende Verantwortung übernehmen möchte.

Man muss sich bei Wohnungsbesichtigungen nicht nur mit teilweise perfiden, verachtenswerten Methoden gegen ungefähr 50 weitere Wohngemeinschaftsgründer durchsetzen, die im Treppenhaus Schlange stehen, sondern auch junge, glückliche Pärchen und hochschwangere werdende Mütter notfalls mit Methoden, die gerade noch erlaubt sind, ohne dafür rechtlich belangt zu werden, mitleidslos auszuschalten versuchen.

Lena und ich hatten bei Wohnungsbesichtigungen eine strenge Arbeitsteilung, die es einzuhalten galt, die von Mal zu Mal optimiert wurde und bei der ich für die moralische Verunsicherung sowie die Einschüchterung der Mitbewerber zuständig war, während sie sich um die Makler oder Hausverwaltungsangestellten kümmerte. Lena plauderte, meistens log sie außerdem schamlos und fasste dem Makler manchmal auch irgendwann im Laufe des Gesprächs auf die Schulter, während sie über jeden seiner Makler-Witze (»Kommse rein, könnse rausgucken«) lachte, den Kopf in den Nacken warf und ihre blonde Mähne schüttelte.

Alle anderen Interessenten hatten Lust, Lena zu verprügeln, und hätten es sicher auch getan, wären sie nicht viel zu sehr hin- und hergerissen gewesen, ob sie nicht lieber mich verprügeln sollten, weil ich mich ebenso schlimm benahm.

Während ich die Mitinteressenten mit übertriebener Siegessicherheit irritierte, indem ich lauthals bereits die geplante Einrichtung referierte, mit einem Bleistift kleine Markierungen an die Rauhfasertapete malte, die Zimmer aufteilte, mit einem Zollstock nachmaß, ob das Bett in die dunkle Zimmerecke passen würde, antwortete Lena in Hörweite des Maklers, dass ihr wohlhabender Vater sicherlich gern für die finanzielle Übernahme einer qualität- und wertsteigernden Ausstattung der Wohnung zur Verfügung stünde.

Manchmal behauptete Lena auch, nachdem sie am Makler einen deutlichen schwäbischen Dialekt ausmachen konnte, einfach, dass ihre Mutter ebenfalls aus Geisslingen käme. Sogar die gleiche Schule wie der Makler hat sie besucht, Wahnsinn! Mensch, so klein ist die Welt. Und das im großen Berlin.

Mehrfach wurden wir trotzdem in Wohnungsbewerbungen ausgestochen. Meist von Pärchen mit zwei festen Einkommen, die mit unbefristeten Arbeitsverträgen winkten. Papas Bürgschaft konnte da auch nicht helfen.

Deswegen wurden qualitative Abstriche bei der zu beziehenden Wohnung notwendig, vor allem weil wir das Hauptziel der Wohnungssuche, nämlich möglichst zeitnah die elterliche Wohnung zu verlassen und ein Leben in versumpfter Freiheit zu beginnen, nicht aus den Augen verlieren wollten.

Unsere erste Wohnung schließlich lag in einem unmöglichen Berliner Stadtteil, in dem niemand sonst wohnt, den man kennt oder kennen möchte. Sie hatte einen Balkon, auf dem man leider nicht sitzen konnte, weil unter uns jemand wohnte, dessen Müll bis auf seinen Balkon gelagert wurde, der modrig und alt nach oben stank. Die Wohnung hatte ein langes, schlauchartiges Badezimmer, dessen Durchquerung nur im Seitgalopp möglich war, und man musste minutenlang durch unbeleuchtete Hinterhäuser irren, bis man die Wohnung überhaupt erreichte. Die Wohnung hatte einen PVC-Küchenfußboden im Schachbrettmuster, dem an jeder Wand etwa fünf Zentimeter fehlten, weil wir uns beim eigenhändigen Zuschneiden vermessen hatten, und der außerdem so dünn, billig und leicht war, dass er sich an allen Seiten unansehnlich hochrollte und daher an einigen Stellen mit schweren, undekorativen Gegenständen wie Straßensteinen oder Töpfen beschwert werden musste.

Neben unserem Haus befand sich eine schäbige Bäckerei, in der es nur Würstchen im Schlafrock und Mett- oder Eibrötchen sowie Kakao aus Glasflaschen zu kaufen gab und in der ein unfreundlicher, adipöser Verkäufer uns – einen Tag nach unserem Einzug – auf die höfliche Frage, ob man bei ihm denn auch an einem der Bistrotische ein Frühstück im Sitzen einnehmen könne, antwortete: »Wennde Wasser rinnlässt, kannste hier drinne ooch baden jehen« antwortete.

Im Erdgeschoss des Hauses befand sich ein Grill-Imbiss mit vielen Angeboten für 99 Cent, dessen Dämpfe des Öfteren durch die geöffneten Fenster in unsere Wohnung zogen und sich mit dem Gestank aus der Wohnung unter uns vermischten.

Der Chef des Imbisses immerhin bemerkte irgendwann, dass sein Etablissement irgendwie ekelig war, und wollte daher verständlicherweise lieber ein gemütlicher kleiner Italiener werden, um auf diese Weise eine anspruchsvollere Klientel anzulocken. Eine, die vielleicht nicht nur Dosenbier oder Jägermeister kaufte und die vielleicht stattdessen auch mal tagsüber oder abends bei ihm im Sitzen etwas aß, nicht nur betrunken um vier Uhr nachts.

Daher instruierte der Mann seine zwei Angestellten und sagte, dass sie jetzt Italiener seien und keine Türken mehr. In

Wirklichkeit waren sie Albaner, aber das war egal. Der Imbiss hieß jetzt »Romantica« und die zwei Angestellten sagten ständig zwischendurch »Prosciutto« oder »Frutti di mare«. Leider entbehrte der kleine Italiener jeglicher Authentizität und brachte erst dann wieder Geld ein, als der Chef das Dosenbier wieder ins Sortiment aufnahm.

Ein halbes Jahr später dann hieß das »Romantica« plötzlich ohne Vorankündigung »US-Pizza-Master 2000«. Die Albaner wurden Amerikaner und sagten oft »bacon« und »cheese«. Es gab – neben dem festen, lukrativen Standbein des Biers – nur noch »original« US-Pfannenpizza.

Unsere Nachbarschaft insgesamt war komisch. Die Nachbarin, die uns im ersten Stock direkt gegenüberwohnte, war eine etwa 55 Jahre alte, depressiv wirkende Dame, die vor ihrer Pensionierung wegen Arbeitsunfähigkeit in der Giftzentrale arbeitete und die morgens eine Handvoll bunter Tabletten frühstückte, die mit einem Schluck Cognac aus einem Schwenker heruntergespült wurde.

Man hatte den Eindruck, dass sie oft hinter ihrer Wohnungstür vor dem Spion darauf wartete, dass einer von uns die Treppe nach oben lief. Denn oft schnellte sie, wenn man selber gerade nach Hause kam, wie zufällig in ihrem seidenen, altrosafarbenen Morgenmantel aus der Wohnung, um angeblich ihren Türrahmen zu putzen, und begann ein Gespräch.

In regelmäßigen Abständen empfing sie in ebendiesem Türrahmen deutlich jüngere Männer mit einem dunklen, rauchigen »Hallo«, bevor sie mit ihnen in der Wohnung verschwand. Anschließend hörte man durch die dünnen Wände unserer Wohnung alles, was danach passierte zwischen der Dame von der Giftzentrale und dem jungen Mann. Man war so beschämt wie damals, wenn man mit den Eltern vor dem Fernseher saß und plötzlich in Filmen oder Fernsehserien Knutsch- oder angedeutete Sexszenen stattfanden und man selber vor pubertärer Scham den Raum verlassen musste und höchstens noch murmeln konnte, dass man sich aus dem Kühlschrank noch eine Cola holen gehe. Und ebenso peinlich, wie wenn man in der Schule das Wort »Meerbusen« sagen musste, es um die »Scheide« eines Ritterschwerts ging oder um ähnliche Lehrinhalte mit suberotischem Vokabular. Das Wort »Periodensystem«, von dem im Chemieunterricht ständig die Rede war, ist Schülerinnen von 14 Jahren absolut nicht zuzumuten.

Unter uns wohnte ein alkoholabhängiger Nazi, der sich alle vier Wochen betrunken im Stockwerk irrte und daher minutenlang fluchend versuchte mit seinem Schlüssel unsere Wohnungstür aufzuschließen. Im Parterre wohnte ein AC/DC-Fan mit einer bis zum speckigen Rücken reichenden Lockenmähne, aus dessen geschlossener Wohnungstür ein infernalischer Gestank nach Rauch und Männerfüßen drang und der von uns »das Lockenmonster« genannt wurde. Man sah das Lockenmonster fast nie, selten konnte man ihn beobachten, wie er in einer Freizeithose aus Polyester und einem AC/DC-T-Shirt auf die Straße trat, blinzelte, weil seine Augen sich erst an das Licht gewöhnen mussten, und dann in Badelatschen zum Supermarkt gegenüber schlurfte, wo er sich mit seiner Tagesration von drei Packungen »Pall Mall«-Zigaretten und einer Flasche »Mariacron« eindeckte. Dann verschwand er wieder in seiner schmuddeligen Höhle.

Kurze Zeit später löste das Lockenmonster durch eine glühende »Pall Mall«-Zigarette, mit der er vor dem Fernseher eingeschlafen war, einen Hausbrand aus, bei dem zum Glück niemand verletzt wurde und der zu dem schönen Finale führte, dass die gesamte skurrile Hausgemeinschaft in nie dagewesener Eintracht und im versöhnlichen Zusammenhalt einer geretteten Gruppe vor dem brennenden Haus stand. Sogar die Albaner waren da. Dazu die Frau aus der Giftzentrale, der Nazi und das verschreckte Lockenmonster mit einem angesengten Jogginganzug. Ein guter Moment, um auszuziehen. Man soll gehen, wenn es am schönsten ist.

Nach dem ernüchternden Erlebnis mit der Videokonferenz habe ich dann doch noch eine WG in Köln gefunden. Ein 28-jähriger Mann namens Lars, der in Köln versuchte, sein Studium zu Ende zu bringen, und gleichzeitig alles daransetzte, es bitte niemals enden zu lassen, suchte für ein Jahr zwei Mitbewohner. Die WG hätte sich auch auflösen können, weil nicht klar war, was nach diesem Jahr passierte, wenn die zwei ursprünglichen Mitbewohner wiederkämen und eigentlich vorhatten, die Wohngemeinschaft aufzulösen, die gemeinschaftlichen Billy-Regale auf die Straße zu stellen und die Senfgläser, aus denen getrunken wurde, wegzuschmeißen. Lars aber zog es vor, das Problem um ein Jahr zu verschieben und zu hoffen, dass es sich in Wohlgefallen auflöste.

Lars war ein Mann, der gegen fast alles allergisch war und der sehr kurzes, hellblondes Haar hatte und eine sehr kleine runde Brille. Er hatte Schwierigkeiten mit dem Verständnis gesellschaftlicher Umgangsformen und kam einmal zu einer adligen Hochzeit in einem hellblauen Cord-Anzug.

Lars studierte Betriebswirtschaftslehre. Er hatte das Studium damals auf Drängen seines Vaters begonnen, er selber hätte eigentlich gern Kunstgeschichte oder Literaturwissenschaften oder beides studiert, sein Vater aber sagte, Lars solle gefälligst in seiner Freizeit ins Museum gehen oder Bücher lesen, so wie andere Menschen auch.

Die andere neue Mitbewohnerin hieß Claudia und war Trainee in einer PR-Agentur. Sie hatte ihr Studium bereits abgeschlossen und ging in ihrer Freizeit gerne joggen, was sie »laufen« und nicht joggen nannte, und interessierte sich für die panasiatische Küche und überhaupt alles, wo Kokosmilch und Zitronengras drin war. Ihr WG-Zimmer räumte sie sofort um und stellte kleine Vasen auf, in denen wendeltreppenartige Bambusstangen dekorativ blühten. An ihrer Pinnwand hingen alte Bilder von Mädchen-Urlauben in Südfrankreich. Sie trug einen vollen, gepflegten, gut fallenden, mittelblonden Pferdeschwanz und wenn ihr kalt war, fröstelte sie ein bisschen und ohne Gänsehaut, legte sich einen nach Weichspüler und »Eternity« von Calvin Klein riechenden Pullover um die Schultern und sah gut aus.

Die Wohnung war eine typische WG-Wohnung. Sie hatte ein schmutziges Bad, in dem ein keimiger Flauschteppich lag, und eine Klospülung, die ihren Zweck oft nicht in vollem Umfang erfüllte. Es gab einen Kühlschrank, den noch nie in seinem Leben jemand abgetaut hatte und dessen Gefrierfach sich daher nur noch mit der Kraft des seitlichen Heranstemmens eines ausgewachsenen Mannes schließen ließ. Die Küche war dunkel, es stand immer ein komischer Auflauf im Ofen, es gab einen großen Küchentisch aus Holz, davor ein fieses braunes Cordsofa und davor wiederum einen Fernseher.

Manchmal kam man in die Wohnung und ging in die Küche, in der kein Mensch zu sehen war und nur im Fernseher auf Phönix leise eine Bundestagsdebatte von 1984 übertragen wurde. Es roch ein bisschen nach Rotwein. Wenn man schon fast sicher war, dass man sich allein in der Küche befand und nur jemand vergessen hatte, den Fernseher auszuschalten, tauchte plötzlich das rote Gesicht von Lars mit der runden Brille und den hellblonden Haaren hinter dem Küchentisch aus der keimigen Couch auf und sagte so etwas wie »Also, ich glaube nicht, dass das damals mit Uwe Barschel Selbstmord war«.

Lars war in seinem Fach ein mäßig engagierter Student, der einigermaßen zurechtkam, hier und da über Jahre hinweg ein paar Scheine machte und Klausuren schrieb, während er sich ansonsten um sein Privatleben und sein Amüsement kümmerte und der irgendwann mit Ende 20 dann trotzdem mit Entsetzen feststellte, dass all die destruktiven Maßnahmen nicht gefruchtet hatten und er nun fast alle Scheine zusammenhatte, um ein Prüfungsverfahren einzuleiten.

Lars wollte die Uni nicht beenden müssen, er wollte nicht allein wohnen, er wollte nur, dass einfach alles so blieb, wie es war. Deshalb auch die Idee mit den Übergangsmitbewohnern, um Zeit zu schinden. War er seit Jahren schon mit einem geistigen »Schaun wir mal« durch die Uni gelaufen und hatte höchstens hier und da durch Praktika mal in Bereiche »hineingeschnuppert«, wurde jetzt von ihm ein Plan erwartet, wie es danach weitergeht. Die Lösung schien ein Aufbau- oder Zweitstudium, einfach um der Frage nach dem Danach aus dem Weg zu gehen.

Und plötzlich wurde Lars ein engagierter Student. Es war nämlich die Zeit, in der auf einmal von Studiengebühren die Rede war, die die Realisierung von Lars' Zukunftsplänen völlig durcheinanderbrachten. Lars wollte weiterstudieren, hatte aber kein Geld für Studiengebühren. Claudia und ich wussten, dass Lars verzweifelt sein musste, als er sich im Flur

plötzlich umständlich und hektisch über einen Daunen-
schlafsack rollte, um ihn anschließend luftentleert in den
winzig kleinen Nylon-Transportbeutel zu friemeln, und sich
einen großen gepackten Rucksack aufschnallte, weil er jetzt
im Kampf gegen Studiengebühren das Rektorat der Uni Köln
besetzen müsste. Als Lars schon an der Tür war, rief ich:
»Und wann kommst du wieder?«. Lars drehte sich um. Er
sagte ernst »Ich weiß es nicht«.
Lars war eigentlich überhaupt nicht politisch engagiert, zumindest nicht dann, wenn man zu diesem Zweck von der
braunen Cordcouch aufstehen musste. Doch diesmal blieb er
tagelang weg. Danach sagte er, es könne sein, dass unser Festnetztelefon abgehört würde.

Lars kämpfte nicht für Gerechtigkeit, für die folgenden Generationen, für das Recht auf Bildung oder für ein humboldt-
sches Prinzip. Lars wollte einfach nur nicht, dass etwas anders wird. Er wollte den Dauerauftrag seiner Eltern behalten,
er wollte in den Semesterferien weiterhin Geld verdienen,
indem er in Noppenleggings und einer Tastaturmaske Pro-
motion für einen Telefonanbieter machte, er wollte weiter
zum Unisport in Schulsporthallen und nicht ins Fitness-
Studio, und er verstand überhaupt nicht, warum so viele auf
einmal damit aufgehört haben und etwas anderes für erstrebenswerter hielten.
Claudia hingegen war zumindest mental bereits auf der anderen Seite angekommen. Das Traineeprogramm und der
damit zusammenhängende zeitweise Stadtwechsel waren
das letzte, was noch aus gründlich geplanten strategischen
Karrieregründen in Kauf genommen wurde, bevor sie mit
ihrem Freund Christopher zusammenzog, mit dem sie jetzt

eine Fernbeziehung führte. Ein objektiv gesehen äußerlich attraktiver Mann, der manchmal zu Besuch kam und einen Mode-Vollbart trug. Seit der EM 2008 und Christoph Metzelders Vollbart hatte ich mir eigentlich vorgenommen, gar nicht mehr mit Männern mit Vollbart zu sprechen. Christopher wollte aussehen wie ein ausgeflippter Indie-Regisseur, er trug oft einen schwarzen Gehrock, eine Existentialisten-Brille und einen dünnen, langen Schal, den er sich von Zeit zu Zeit pathetisch über die Schulter warf, meist dann, wenn er in Situationen, die sich nur ihm als komisch erschlossen, laut auflachte und dabei viele Amalgamfüllungen zeigte. Oft sprach er davon, dass er gerne auswandern würde; wenn man ihn fragte, warum, sagte er bedeutungsschwanger, aber aussagenfrei »Denk ich an Deutschland in der Nacht …«.

Claudia maß bereits ihre Morgentemperatur und machte den Cervixschleimtest, sagte zu Christophers Eltern Wolfgang und Angelika, sie hatte Allen Carrs Nichtraucherbuch gelesen, mochte Pilates, schenkte Christopher Dinge zum Geburtstag, die sie eigentlich in erster Linie selber haben wollte (Salsa-Tanzkurs), dachte über Kindernamen nach, die ebenfalls mit dem Buchstaben »C« begannen, und sagte, sie würde sich jetzt lieber mal ein Kleidungsstück von guter Qualität kaufen, was dafür ein bisschen teurer sei als fünf billige, die ja nach zwei Wäschen sofort aussähen wie Kartoffelsäcke.

Unsere WG war die fleischgewordene Darstellung der Übergangsphase zum eigentlichen Erwachsenwerden. Sie sprang hin und her zwischen der völligen Weigerung, irgendetwas am bisherigen Leben zu ändern, weil man sich sicher fühlen wollte, weil man es sich so schön bequem gemacht hatte und weil man sich nicht reif genug fühlt für ein anderes Leben,

und der absoluten Freude, endlich so gut wie zur eigenver-
antwortlichen Erwachsenenwelt zu gehören, endlich mit dem
Kinderzeugen anfangen zu dürfen, das Studentenleben unter
»Früher« abzuhaken und die eigenen Eltern im nächsten
Jahr an Weihnachten vielleicht mal selber einzuladen, anstatt
bei ihnen zu Besuch zu kommen, denn die hätten ja jetzt
wohl lange genug den Gastgeber gespielt.

Ein sehr sicheres Zeichen dafür, dass man die Seiten erfolgreich zum Erwachsensein gewechselt hat, ist der Umgang
mit Elternbesuchen. Wenn die eigenen Eltern am Sonntag
plötzlich vom Handy aus anrufen, sagen, sie seien gerade in
der Nähe auf dem Markt und ob sie nicht kurz spontan auf
einen Kaffee vorbeikommen könnten, und man freut sich
wie Bolle und ruft begeistert: »Super, bis gleich!«, dann ist
man schon da.

Wenn man die Seiten noch nicht gewechselt hat, würde man
es sich sowieso überlegen, ans Telefon zu gehen, weil es bereits verdächtig und vorsätzlich erscheint, dass Mutter ihr
Handy überhaupt verwendet. Hat man doch abgehoben und
Mutter kommt dazu, ihre Frage nach dem spontanen Kaffee
zu stellen, kann man nicht behaupten, dass man leider überhaupt nicht zu Hause sei, denn Mutter ist tricky und hat extra auf dem Festnetz angerufen. Natürlich möchte man den
Eltern den Besuch nicht verwehren, denn man will nicht un-
freundlich erscheinen und außerdem nicht, dass sie sich Sorgen machen. Daher reagiert man gefasst mit der möglichst
unauffällig und locker zu stellenden Gegenfrage: »Wann *genau* würdet ihr denn dann kommen?«, weil man im Kopf
überschlagen muss, ob es in dieser Zeit möglich ist, ein Deo
zu benutzen, Milch und Kaffee zu kaufen, wenigstens den
Teil des Leerguts wegzuschaffen, der das vollständige Öffnen

der Wohnungstür verhindert und einige Renovierungs- und Umräumarbeiten in der Wohnung zu erledigen.

Wenn man sensible Eltern hat wie ich, die in den Reaktionen ihrer Kinder lesen können wie in einem offenen Buch, fragen sie einfach, ob wir nicht in meiner Nähe Kaffee trinken gehen können, anstatt uns in meiner Wohnung aufzuhalten. Erst wenn die eigenen Kinder freiwillig und von alleine in ihrer Wohnung zum Essen einladen und dabei die Eltern noch nicht mal fragen, ob sie nicht vielleicht die Getränke mitbringen könnten (was ein sicheres Zeichen für einen finanziellen Engpass ist), hat das Kind die Grenze zum Erwachsensein endgültig überschritten. Wenn das Kind der Mutter nach dem Essen einen schönen italienischen Grappa anbietet und nicht auf Nachfrage in der Vorratskammer einen staubigen, bereits geöffneten Party-Tequila hervorkramt, dann ist die elterliche Arbeit getan, die Kindheit ist passé.

Die Tatsache, dass die Mitglieder unserer WG exemplarisch standen für viele Mitglieder unserer Altersgruppe und dass in ihrer Konstellation der Kampf zwischen dem Ankommen im Erwachsensein durch Claudia und der Weigerung des Erwachsenseins durch Lars ausgetragen wurde, wurde auf unserer Abschieds-WG-Party nach einem Jahr Zusammenwohnen sehr deutlich.

Lars war an diesem Tag in depressiver Grundstimmung. Es war wieder einmal ein Abschied. Und er wurde durch die Party wieder einmal darauf hingewiesen, dass zwei weitere Menschen das sinkende Schiff verließen: Claudia würde in die wohlverdiente Pärchenwohnung ziehen und ein Zimmer für den Nachwuchs freihalten, ich ging zurück in meine eigene Wohnung, die irgendwie auch ein Zwischenstopp zur

Pärchenwohnung ist, ein Übergangsdomizil, und die immerhin verdeutlicht, dass man sich aus dem WG-Leben verabschiedet hat, dass man ein WG-Leben für sich nicht mehr für passend hält oder man immerhin denkt, man hätte sich davon verabschieden müssen.

Schon bevor die Party eigentlich losging, wollte Lars mit Claudia und mir mehrfach hintereinander einen Kreis formieren und mit aneinandergeschmiegten, schweren Köpfen »We are the champions« singen, wohingegen Claudia am liebsten erstmal nur im Hintergrund den Soundtrack von »Buena Vista Social Club« oder irgendwas von Carla Bruni aufgelegt hätte. Lars sang lauter, als die Musik war. Oft gab es auch grobe Textschnitzer, die unkommentiert hingenommen wurden, als hätte sie niemand registriert.

Claudia schunkelte nur halbherzig, denn eigentlich wollte sie weiter verhandeln, dass in ihrem Zimmer bitte heute Nacht nicht gefeiert wird, dass sie es aber dennoch gern zur Verfügung stellen würde, um auf dem Bett Jacken abzulegen. Ansonsten solle die Tür bitte geschlossen bleiben. Lars willigte ein, er wollte, dass sie ihn in Ruhe singen ließ. Beide waren zufrieden.

Es waren alle Leute eingeladen, die man kannte. Auch solche, mit denen man so gut wie nichts mehr zu tun hatte. Eine Maßnahme gegen die alte und tiefsitzende Angst, dass niemand zur eigenen Party erscheint. Ich hatte aus diesem Grund sogar etwas getan, was man heute fast gar nicht mehr tut, was vor kurzem aber normal war: Ich hatte Menschen aus Berlin zu einer WG-Party in Köln eingeladen und angeboten, dass sie sich auf Isomatten in der Wohnung zum Schlafen verteilen dürften.

Die Eingeladenen aus Berlin haben daraufhin allerdings in

der Mehrzahl das getan, was man heute fast immer tut, wenn einen solche nervigen Einladungen erreichen und was früher nicht normal war, weil man sich früher auf eine Party wochenlang freute und dafür gern auch die stundenlange, zermürbende Fahrt über die verstopfte A2 in einem vollen Reisebus mit moderner Schlafsesselbestuhlung auf sich nahm: Sie sagten freundlich, aber bestimmt ab. Festivitäten, zu denen man heute die Stadt verlässt, sind mittlerweile Hochzeiten von Freunden, keine Saufgelage ohne gravierende Anlässe. Höchstens noch ein dreißigster Geburtstag von jemandem, den man wirklich lange kennt und wirklich gerne mag. Früher hatte man Angst, etwas zu verpassen, weil man nicht auf einer bestimmten Party erschienen ist. Heute befürchtet man etwas Wichtiges zu verpassen, eben weil man am Abend zuvor auf diese Party gegangen ist.

Die Tatsache, dass Claudia und Lars in ein und derselben Altersstufe schon völlig unterschiedliche Leben lebten, wurde auch an der Zubereitung der Partyverpflegung deutlich. Niederschlag davon, sich entweder noch in einer nostalgischen Restjugendphase zu befinden oder schon in einer zufriedenen Früherwachsenenphase, ist die Zubereitungsart eines festen Bestandteils der klassischen Partyverpflegung, des Party-Evergreens: des Nudelsalats.

Lars stand bereits am frühen Nachmittag (»Der wird erst richtig geil, wenn der ordentlich durchzieht«) in einem alten, verwaschenen Fruit-of-the-loom-Shirt von 1992 vor einer orangefarbenen Plastikrührschüssel mit zwei Kilo kalten Spirelli-Nudeln. Er warf eine Faustvoll Speisesalz hinzu, dann leerte er mit schabendem Geräusch mehrere Konservendosen Erbsen und Mais hinein, eine ganze gewürfelte

Hertha-Fleischwurst, Käsewürfel, Gemüsebrühe und drei Tuben Mayonnaise. Dann rührte er kräftig um, und es gab schmatzende Geräusche. Der unmittelbare Zweck seines Nudelsalats war kein kulinarischer Hochgenuss, sondern eine solide Grundlage zu schaffen für das, was er auf die klebrige Anrichte neben die Schüssel stellte: literweise Fabersekt, Blanchet-Wein in Rot und Weiß und billiges Jägermeisterimitat. Später würde eine Horde Männer in witzigen T-Shirts (»to beer or not to beer« und »Dort mund« mit einem Pfeil nach unten in Richtung Geschlechtsteil), die aussahen, als kämen sie direkt von einem Junggesellenabschied in der Kölner Altstadt, unter großem Jubel noch ein Fass »Dom Kölsch« hereintragen.

Claudia entschied sich bei ihrer Nudelsalatvariante für Fettuccine. Sie arbeitete ohne Mayonnaise, dafür mit Olivenöl aus Ligurien, das für gute Anlässe aufgespart und normalerweise in ihrem Zimmer gehortet wurde, und einem winzigen Schuss Tariquet. Dazu gehörten in ihren Nudelsalat Rucola, gehobelter Parmesan, Cherrytomaten und geröstete Pinienkerne. Und wenn man sie im Biomarkt fand, auch noch eine reife Avocado in Würfeln. Für den Nudelsalat gab es viel Lob, vor allem von Frauen, die in schwarzen Kaschmir-Boleros zur Party kamen, und von Männern, die ihre Haare mit einer kleinen Portion Gel mit beiden Händen von den Ohren beginnend in einer Dreiecksbewegung nach oben gegelt hatten.

Außer den Nudelsalaten gab es noch Erdnussflips und Billigchips, die entgegen Claudias Bemühungen irgendwann nicht mehr in dekorative Schüsseln gefüllt, sondern mit klebrigen, gierigen Bierhänden direkt aus der Tüte gegriffen wurden. Dazu schwammen aufgeplatzte, blassrosafarbene Würstchen in einem fiesen 70er-Jahre-Topf, die den Abend über mehrfach wieder aufgewärmt wurden und die sich alle Gäste mit der Hand aus dem Wurstwasser fischten. Ganz betrunkene Leute zerbrachen die Wurst auch mehrfach, um sie noch zu der Fleischwurst in Lars' Nudelsalat zu bröseln, der irgendwann aus Teetassen gegessen wurde, weil die uneinheitlichen WG-Teller aufgebraucht waren. Irgendjemand brachte einen Blattsalat mit (dessen Transportschüssel ab diesem Moment in den WG-Besitz übergeht), es gab Bouletten, Baguette und Kräuterbutter. Dann noch ein paar Kuchen, ein Chili con Carne. Aber ich greife vor.

Irgendwann waren Claudia und Lars fertig mit ihren Party-Vorbereitungen. Sie stießen an. Lars hatte ein Reissdorff-Kölsch aus der Flasche in der Hand, und es gluckerte lange, als er trank, Claudia ein Glas Prosecco, bei dessen Befüllung sie aufgeregt »Stoppstoppstopp« rief, sobald der erste Tropfen den Grund des Glases berührt hatte. Claudia sagte »Chin Chin«, legte den Kopf ein bisschen schief und zwinkerte, Lars sagte »Prostata« und atmete schwer.

Der erste Partygast schließlich war der Gast, der auf jeder Party als Erstes erscheint: eine Frau mit blasser Gesichtsfarbe und geschwächter Haltung, die im Hereinkommen eine Hand auf den Bauch drückt, sofort sagt, sie hätte so ein »Loch im Magen«, ob sie sich vielleicht schon mal ein Stück Brot nehmen könne, und die sich dann bereits vor Partybeginn einmal quer und gierig durch das ganze Büfett frisst, ein Schlachtfeld hinterlässt, sich in eine ruhige Ecke zurückzieht und hinterher mit den Mundwinkeln voller Kräuterbutter und Krümeln erleichtert sagt, dass es ihr jetzt ein kleines bisschen bessergingt.

Die Party begann charakteristisch, mit einigen unangenehmen Partygesprächen, die zwischendurch lange Pausen hatten, bevor man aus Verlegenheit so etwas sagt wie: »Also, die Mieten in Berlin sind mit den Mieten in Köln ja wirklich überhaupt nicht zu vergleichen.« Der Gesprächspartner springt erleichtert darauf an und erwidert: »Ja gut, aber vom Preisniveau her ist Berlin ja wirklich eher die Ausnahme. Was echt arschteuer ist, ist ja Stuttgart.« »Und München!« »Ja, aber wer nach München zieht, ist ja sowieso ein Idiot. Also, da würde ich ja niemals hinziehen.« München-Bashing ist bei vielen Leuten ja ein sicheres Konsens-Pflaster, weswegen es oft in solchen Situationen betrieben wird, in denen Leute ein auflockerndes Gemeinschaftsgefühl zu schaffen versuchen. Die Gesprächspartner haben ansonsten oft nur die Tatsache gemein, noch nie in München gewesen zu sein.

Dann stieß man verlegen einfach noch mal an, wippte vielleicht zum Takt der Musik mit dem Kopf, guckte in die Gegend, auf der Suche nach Inspiration, um ein neues, vielleicht ergiebigeres Thema anschneiden zu können, das der Gesprächspartner bestimmt ebenfalls dankbar annehmen würde, um die Stille zu beenden. »Prenzlauer Berg ist ja langsam leider total totsaniert, ne?«, sagt man vielleicht noch kurz und erhält keine Reaktion oder nur »hmpf«. Dann schaut man sich nach einem wichtigen Grund um, den Gesprächspartner zu wechseln. Ein Grund, der keinesfalls vorgeschoben wirken darf, um keinen Partygast zu kränken, auf diese Weise seine Stimmung zu drosseln und ihn am Aufbau von ausgelassener Feierstimmung zu hindern.

Auch heute gilt auf Partys noch ausnahmslos die bereits seit frühen Jugendtagen geltende Regel: Der weibliche Teil der Gäste ist dafür verantwortlich, die klemmige Anfangsstimmung einer Party ins Gegenteil umzukehren. Früher ging das ohne Alkohol und funktionierte auf die Art und Weise, dass die Mädchen – wenn sie sich schon nicht trauten, einen Jungen aufzufordern – erst mal mit ihrer besten Freundin Schieber tanzten, bis die Stimmung einigermaßen gelöst war.

Heute sind es als Erstes ein paar kichernde Frauen, die irgendwann im Grüppchen vor der Musikanlage knien und »Girls just wanna have fun« von Cyndi Lauper auflegen, um dann schließlich zu »Like a virgin« anzüglich zu tanzen und zu versuchen, die Männer gewaltsam auf die Tanzfläche zu ziehen. Wenn sich die Anfangsaufregung gelegt hat, bewegen sich irgendwann auch ein paar Männer linkisch und vorerst unauffällig am Tanzflächenrand, um die Bewegungen unauffällig ausladender werden zu lassen, bis sie selber rhythmisch die Fäuste recken und den Text von »Wake me up before you gogo« auswendig können. Mit 30 wird man immerhin in einer Hinsicht gelassener: Man schämt sich nicht mehr zuzugeben, dass man Udo Jürgens irgendwie mag. Sollen doch die echten 20-Jährigen die Babyshambles hören, bitte sehr.

Eine weitere Konstante im Verhalten weiblicher Partygäste ist der Umstand, dass irgendwann eine Frau weint. Die Gründe für diese Tränen sind vielfältig. Mal geschieht es, weil vor drei Jahren der Stiefonkel gestorben ist, mal, weil einem ganz plötzlich auffällt, dass man sich von seinen Eltern einfach noch nie geliebt fühlte. Mal auch einfach nur deswegen, weil man gerade beim Toilettengang das eigene verstrahlte, müde Gesicht mit dem viel zu grellen Lippenstift und der sich langsam in schwarzen dünnen Würsten auf den Augenlidern absetzenden Wimperntusche im Badezimmerspiegel gesehen hat und sich fragt, warum man eigentlich überhaupt hier ist und nicht in einem Doppelbett neben jemandem liegt, der

»Gute Nacht« gewünscht hat und sich auf morgen freut und der besorgt aufwachen würde wenn man – einfach mal nur, um zu gucken, was passiert – einen Erstickungsanfall vortäuscht.

Auf unserer Party weinte als Erstes eine Frau namens Marlene, und dies hatte einen ganz einfachen, ehrlichen und leicht zu verstehenden Grund: Sie hatte sich weh getan. Ich fand daher eine gute Gelegenheit, das schleppende Gespräch mit einem Mann namens Jonas zu beenden. Ein langweiliger Typ, der sich überhaupt nicht entscheiden konnte, ob er Mario Barth oder Michael Mittermeier lustiger finden soll, und der im Winter Jacken mit Fellkapuzen und Gürtel trug, die aussahen, als würden sie eigentlich Kai Pflaume gehören.

Ein alkoholisierter Mann, der Gustaf hieß und schwedischer Erasmusstudent war, hatte sich im Bad, als er sich ein Bier aus der Badewanne greifen wollte, zur körperlichen Stabilisierung am Duschvorhang festgehalten, woraufhin die Verankerung der Duschvorhangstange aus der Wand brach, der Mann grölend in die Bierwanne und die Duschstange auf den Kopf der gerade das Bad betretenden Marlene fiel, die sofort zusammenbrach und sich etwas übertrieben auf den Fliesen krümmte. Gustaf saß in der Badewanne, und es rieselte Putz auf seinen Kopf. Dann stieg er umständlich aus der Wanne, entschuldigte sich mit Küssen bei der weinenden Marlene und trocknete sich anschließend mit einem Haarföhn, den er irgendwann wie ein Mikrophon verwendete, und eierte zurück auf die Tanzfläche.

Die Tanzfläche war mittlerweile voll. Und die, die früher mal einen Tanzkurs besucht haben, werden heute darum beneidet, einen halbwegs glaubwürdig aussehenden Foxtrott auf den abgeschliffenen Dielenboden legen zu können. Manchmal knutschten sogar noch Menschen, die sich vorher gar nicht kannten. Aber die Zeiten, in denen man nach Partys am nächsten Tag ganze Beziehungskonstellationen neu lernen musste und sich sicher sein konnte, dass irgendwas Aufregendes auf einer Party passiert ist, sind vorbei. Die meisten haben sich bereits irgendwie gefunden.

Das ist auch der Grund dafür, dass einem auf Privatpartys nicht nur positive, ausgelassene Feierstimmung entgegenschlägt, sondern ab einer gewissen Uhrzeit und steigendem Alkoholpegel auch der schneidende Geruch purer, geballter Frustration. Singles sind heute nicht mehr die entspannten, beneidenswerten, lustigen Partymotoren, die sie noch vor kurzer Zeit waren. Sie sind auf Partys nicht mehr bevorteilt, weil sie alles dürfen und die allgemeinen und geheimen Objekte der Begierde sind und am Ende allein und souverän nach Hause gehen.

Heute sind die Singles oft die, die andere Leute aggressiv und unter Einsatz von Körperlichkeiten zum Bleiben überreden, wenn diese die Party verlassen wollen, weil der Babysitter nur bis eins bleiben und auf Finn-Merlin aufpassen kann. Gleichzeitig ist es nicht so, dass diese Singles den meisten Spaß auf der Party haben, oft geht der Partybesuch auch mit einem gewissen Selbsthass einher, sich schon wieder die Nacht um die Ohren zu schlagen, auf der Suche nach Beendigung des Singlelebens. In der Regel wissen sie natürlich, dass eine Privatparty meist nicht der Boden ist, auf dem die große Liebe wächst. Trotzdem haben große Mengen Alkohol und die hemmungslose Zurschaustellung anderer Leute Glücks den suchenden Single, ob Mann oder Frau, mürbe gemacht, und er wirkt klammerig, geil, griffig und wie jemand, der es »sehr nötig« hat. Bestenfalls wird er als arme Wurst gesehen, schlimmstenfalls wie eine aufgedrehte, hysterische, besoffene Unperson, die mit allen tanzen möchte und irgendwann verzweifelt Brüderschafttrinken vorschlägt, um zu einem Lippenkontakt zu kommen.

Die Angst vor dem Singlesein rührt auch daher, dass diejenigen, die keine mehr sind, sich ein neues Leben aufgebaut haben. Natürlich bleibt man mit der guten Freundin befreundet, wenn sie heiratet und mit ihrem Mann zusammenwohnt. Aber man ist irgendwann nicht mehr automatisch jedes Wochenende mit ihr verabredet und jederzeit willkommen. Es ist nicht mehr klar, dass der Sommerurlaub als gemeinsame Zeit reserviert ist. Die Zeit der unkaputtbaren Mädchenfreundschaften geht nun in eine andere Phase über.

Wer früher Single war, erntete im Freundeskreis warmherzigen Applaus, und alle freuten sich, dass man jetzt wieder mehr ausgehen und Zeit mit den anderen Mädchen verbringen konnte. Heute steht man weitestgehend allein da, wenn man Single ist. Man kann sich am Donnerstag mit Nina zum »Germany's Next Topmodel«-Gucken verabreden, am Freitag mit Julia zum Ausgehen oder mit Antonia zum Bier, aber man kann nicht mehr einschränkungslos mit Schlafsachen vor der Tür stehen, und es ist auch nicht klar, dass in diesem Fall jemand Zeit haben muss.

Plötzlich hört man auch immer öfter, dass 30-jährige Frauen allein nach Kreta fahren und dann hinterher betonen, es habe auch mal ganz gut getan, so allein zu sein und gute Bücher zu lesen und vielleicht ein paar Runden mit der Spaßbanane zu drehen, die hinter einem Motorboot auf dem Ozean hergezogen wird. Echt, das war entspannend so allein.

Alle äußern Verständnis und sagen, das sei ja wirklich keine schlechte Idee, und vielleicht würde einem selber das auch mal guttun. In Wirklichkeit meint man zu wissen, dass die Leute allein verreisen, die einfach keinen Reisepartner gefunden oder keinen gesucht haben, weil sie die Erfahrung nicht machen wollten, keinen Reisepartner zu finden oder mit einem Verlegenheitsreisepartner durch die Mondlandschaft Lanzarotes zu laufen, der einen noch einsamer machen würde.

Früher war es klar, dass man mit seiner Gruppe verreisen konnte und dass es lustig werden wird, auch wenn der Ort schrecklich sein und die Aussicht vom Hotelzimmer an ein Kriegsgebiet erinnern würde. Heute wird wochenlang darüber diskutiert, ob man das hübsche Haus in Italien direkt am Weinberg mieten möchte oder lieber die alte Windmühle. Man könnte ja auch zu viert fahren mit Beatrix und Steffen, was haben die denn vor? Man bemerkt natürlich schon, dass man aus den alten Freundinnenurlauben deutlich mehr zu erzählen hat als aus den Pärchenurlauben, trotzdem wird man das Gefühl nicht los, dass diese Zeiten vorbei sind.

Am Ende eines nostalgischen Abends mit alten Urlaubsgeschichten willigen alle alten Mädchenfreundinnen ein, Streit in der Partnerschaft in Kauf zu nehmen, auf Verwandtschaftsbesuche zu verzichten und in diesem Sommer – komme, was wolle – zusammen zu verreisen. Am Ende werden zwei, drei Telefonate der engagiertesten Freundinnen geführt, Terminkalender verglichen, und man einigt sich auf drei gemeinsame Tage an der Nordsee. »Und bitte mit Wellness-Bereich und Tepidarium«, sagt eine, und alle sind einverstanden.

Lars hatte seine alte Wasserpfeife hervorgekramt, und damit nicht nur helle Freude bei den Partygästen ausgelöst, sondern auch den Herd des seit mehreren Wochen in seinem Zimmer wabernden Gestanks, der auch nicht abklang, als er seinen Wäschekorb zum Leidwesen aller anderen WG-Bewohner aus dem Zimmer ins Bad auslagerte, ausfindig gemacht.

Die Frau im Kaschmir-Bolero zierte sich zwar erst, zog aber dann mit einem Lungenvolumen wie ein Zuchtbulle am Mundstück, als hätte sie nie etwas anderes in ihrem Leben getan, und ließ sich dann kichernd eine Tüte Erdnussflips reichen, obwohl sie es den ganzen Abend lang geschafft hatte, vollständig auf Kohlenhydrate zu verzichten. Die Küche roch nach Kiffe und Brackwasser. Die Frau im Bolero stieß einmal bei geschlossenem Mund sauer auf und überlegte, ob ihr schlecht sei, dann aber wurde im Wohnzimmer »Yes Sir, I can boogie« gespielt, und sie eilte grußlos aus der Küche. Im Wurstwasser trieb eine Zigarette.

Die ersten Leute waren schon gegangen. Bei anderen Pärchen begann einer der dazugehörigen Partner, diskret zu gähnen, um auf diese Weise »mal langsam« zum Aufbruch zu blasen. Frustrierte Singles reagierten wütend darauf, weil es sie an die eigene Einsamkeit erinnerte, allen anderen war es recht, dass diejenigen, die keine Lust mehr hatten, das Feld räumten. Denn es gibt keine schlimmere Partybremse als Menschen, die keine Lust mehr haben zu feiern, aber dennoch bleiben. Claudia wäre bereits gegangen, wäre sie nicht selbst ein Bewohner der Wohnung gewesen. Sie versuchte vorsichtig, allen Leuten zu verstehen zu geben, dass die Party ihrer Ansicht nach nun langsam mal ein Ende finden und vorbei sein sollte.

Zu ihrem Leidwesen konnte sie auch ihr Zimmer nicht verteidigen, zu dem sich eine Gruppe Gäste unter dem Vorwand, nur ihre Jacken holen zu wollen, Zutritt verschafft hatte und jetzt im Schneidersitz auf dem Fußboden saß und Flaschendrehen spielte. Claudia spielte noch höflich eine Runde mit und ließ zu, dass ein besoffener Mann über ihr Liegestütze machte, dann wurde sie endgültig müde und hatte einfach keine Lust mehr, weil sie nach eigenen Angaben echt keinen Bock hatte, »zwei Tage im Arsch zu sein«.

Außerdem fand sie es ekelhaft, dass die Leute irgendwann angefangen hatten, den Kuchen, den sie gebacken hatte, nicht mehr in Stücken abzuschneiden, sondern einfach mit der Hand klumpenweise aus dem Laib herauszugraben. Dazu hatte sie grundlosen betrunkenen Weltschmerz, der nicht wegging, obwohl sie bereits seit zwei Stunden nur noch Wasser trank, vor fünf Minuten hatte sich jemand im Zuge einer tänzerischen Pirouette mit einem Stiletto-Absatz quasi in den Wohnzimmerboden geschraubt und damit den Boden beschädigt, und in der Küche war ein »Glitzi«-Schwamm auf der Ceran-Kochplatte festgebraten.

Claudia nahm bereits ab zwei Uhr morgens eine große blaue Mülltüte und begann, schon mal aufzuräumen. Dieser Wink mit einem ganzen Jägerzaun wurde vom besoffenen Mob zunächst gänzlich ignoriert, außer von einigen Frustrierten, die Claudia hasserfüllte Blicke zuwarfen, die auszusagen schienen: »Pah, du musst ja heute auch nicht mehr unbedingt noch die große Liebe finden! Ich bin auch nicht zum Spaß hier!« Sie konterten auf den blauen Müllsack damit, dass sie einfach noch einmal »I will survive« auflegten und sofort alle in einem großen umarmten Kreis besoffene Beine in die Höhe warfen.

Um vier schaltete Claudia das Licht an und sagte »Mann, Leute …! Wie alt seidn ihr bitte?!« Der Raum wurde nicht wesentlich heller. Claudia sagte: »Wem soll ich denn mal ein Taxi rufen?« Die ersten knickten ein und hoben die Hände. Einige Pärchen bedankten sich für die schöne Party. Traurige Singles wurden durch das Licht und Claudias klare Worte von Frust und Realität eingeholt und hassten sich dafür, dass sie immer noch hier waren.

Nicht ein einziger Gast schlief auf der Couch oder hatte eine Isomatte dabei.

Die Partys enden heute nicht mehr damit, dass alle zusammen noch in der Küche Spiegeleier frühstücken. In der Regel auch nicht mehr damit, dass man mittags neben einer fremden Person aufwacht. Wenn es doch passiert, gibt man damit zumindest nicht mehr an, sondern nimmt sich selbsthasserfüllt vor, nie wieder auch nur ein Glas Alkohol anzurühren. Wer befürchtet, sich auf der Party danebenbenommen zu haben, findet das nicht völlig dem Anlass entsprechend, sondern ruft am nächsten Tag besorgt erst die beste Freundin an und dann vorsichtshalber noch die Gastgeber. Erst wenn die genau so nett zu einem sind wie noch zwei Tage zuvor, weiß man, dass wohl alles noch im Rahmen war.

Claudia stand an der Tür und verabschiedete den harten Kern. »Lass uns doch morgen mal telefonieren, vielleicht gehen wir ja ein Stück Kuchen essen am Nachmittag?!«, sagte eine Frau zu ihr und knöpfte den Mantel zu. Dann drehte sie sich zu ihrem Freund um. »Oder hatten wir schon was vor, Schatz?« Der Schatz sagte nein, und sie machten etwas aus. Lars dachte, es sei nur noch eine Frage der kurzen Zeit, bis die beiden mit praktischen, wasserabweisenden Übergangsjacken im Partnerlook zur nächsten Party erscheinen würden und sonntags gar keine Zeit mehr hätten, weil sie ihre Dauer-karte in der Therme in Brandenburg ausnutzen wollten. Lars drehte noch einmal die Musik auf und kündigte laut und großspurig an, dass er jetzt seine alten Bravo-Hits-CDs suchen gehen würde, um zu retten, was zu retten ist. Als er sie gefunden hatte, war der Flur bereits leer. Alle waren gegangen. Lars lief durch alle Zimmer, um vielleicht doch noch einen übriggebliebenen Gast zu finden. Claudia stand mit einem Wattepad in der Hand im Bad, schminkte sich ab und sagte: »Is' was?!«

»Wie sind denn Ihre Gehaltsvorstellungen?«

Welcher Chef muss heute noch ein Scheusal sein, wenn die Berufsanfänger schon allein dafür sorgen, sich kleinzumachen? Aus Erwartungshaltungen, Minderwertigkeitskomplexen, und der leisen Ahnung: Eigentlich könnte ich das doch alles besser, wenn man mich ließe.

Mein Freund Matthias hat die Seiten gewechselt. Er hat sich selbständig gemacht. Also, richtig selbständig mit einer gut laufenden, funktionierenden, schwarze Zahlen schreibenden GmbH in zukunftsträchtigem Gewerbe, nicht mit einem Home- oder Café-Office, das aus einem MacBook, einem Privathandy, einer schiefen Frisur und einem Tisch besteht und wo ständig von »Projekten« und »Konzepten« die Rede ist, die im Eifer des Gefechts auf Bestellzettel in Cafés notiert werden, die dann – nach mehreren Gläsern Wein – ganz klein zusammengefaltet in den Cafés auf den Tischen liegenbleiben oder auf dem Boden.

Matthias trägt auch keine Hornbrille mehr, rasiert sich dafür wieder regelmäßig und hat Prenzlauer Berg verlassen, um in einem anderen Bezirk zu wohnen. Ihm geht es seitdem viel besser. Nicht nur finanziell. Nichts, sagt er, stehe dem eigenen kreativen Schaffen mehr im Weg als der Blick auf andere Menschen mit Laptops und Milchkaffee, die in Cafés sitzen, deren Interieur aussieht, als käme es direkt von einer Wohnungsauflösung, und die auch etwas schaffen wollen. Es sei, als gebe es über die gesamte Stadt verteilt nur eine gewisse, begrenzte Anzahl guter Ideen. Und weil in Prenzlauer Berg so viele überlegen würden, ist es hier schwerer, eine Idee abzubekommen, als anderswo. Die Polster riechen nicht gut, und alle Sessel wackeln und haben alte Bezüge mit Löchern. Die Leute sagen, es sei gemütlich hier, weil man sogar die Schuhe auf die Polster legen darf und auch Hunde darauf sitzen dürfen, und leiten dann irgendwann vom Milchkaffee direkt zum Tannenzäpfle-Bier über, das sie an zu Hause und an Jugend erinnert. Ebenso wie Waffeln mit heißen Kirschen oder Schupfnudeln mit Wirsing. Und wie der deutsche Wein, den plötzlich alle wieder mögen, vielleicht weil Papa ihn so mochte oder Mama davon mal so betrunken war, dass sie mit Herrn Maßberger von nebenan Disco-Fox getanzt hat wie eine junge Göttin.

Neulich habe ich eine Wette verloren und musste in einem solchen Café eine Reihe Erdnüsse mit dem Mund direkt von einem der ekligen Polstersessel aufnehmen. Keiner beschwert sich hier über Urinstein oder kommt sich selber Luft zufächelnd von der Toilette zurück. Dass man die Klos nicht abschließen kann, ist den Frauen egal, denn jede noch so unsportliche und noch so alkoholisierte Frau könnte einen dogmatischen indischen Yogi vor Neid erblassen lassen, wenn er sähe, zu welchen Körperhaltungen Frauen in der Lage sind, wenn sie dringend auf die Toilette müssen und sich diese nicht abschließen lässt.

Das ganze Gewicht der Frau wird auf das rechte Bein verlagert (bei Rechtshändern, sonst andersherum). Das Becken wird nach hinten herausgestreckt und bis kurz über die Klobrille abgesenkt, selbstverständlich ohne dass die Oberschenkel den schmuddeligen Toilettensitz berühren. Das linke

Bein derweil wird mit einer Fußbeuge von 90 Grad parallel nach vorne gestreckt und direkt vor der Toilettentür verkeilt, um ein Öffnen derselben durch Fremdeinwirkung zu verhindern. Gleichzeitig wird die Konzentration auf den Beckenboden gelenkt. Besonderes Augenmerk gilt dem Kreuzbein, welches vorher auch (falls Zeit vorhanden, zum Beispiel in einer Warteschlange) durch ein paar entsprechende Lockerungsübungen flexibilisiert werden kann. Durch gezielte Bewegungen des Kreuzbeins schließlich wird ein seitliches Abdriften des Urinstrahls kompensiert, das ansonsten dazu führen würde, dass man sich an die Beine pinkelt und mit einer besprenkelten Hose zurück zu seinem Platz muss.

Vor einigen Jahren noch hätte niemand gesagt, so sähe eine nette Bar aus. Nur weil man unter den Sofapolstern Essensreste oder Haarklammern findet und weil nichts zum anderen passt. Niemals hat man früher so viel Zeit in Cafés verbracht. Hier fällt es nicht auf, wenn man schon den ganzen Tag da ist und stundenlang an einem Kaffee trinkt, es drängt niemand, ob man nicht noch etwas bestellen möchte, im Normalfall spricht das zu Arroganz neigende Personal gar nicht mit einem. Niemals würde man seine Eltern hierhin ausführen.

Vielleicht soll das Mobiliar hier das Leben im Übergang verdeutlichen. Eine möbelgewordene Ansage, dass man in der Luft hängt, dass man die endgültige Richtung noch nicht gefunden hat und daher irgendwo stehengeblieben ist. Wer sich immer noch an »Hello Kitty« festhält, muss sich schließlich noch nicht um die »Prinzessin Lillyfee« des eigenen Kindes kümmern. In einem Leben, in dem die eigenen Eltern nicht mehr da sind, aber auch noch keine eigene Familie nachgerückt ist, freut man sich, wenn ein Sofa alt und aus

Samt ist, wenn grüne Troddeln daran hängen und wenn es so schwer ist, dass man es selber nicht verrücken könnte. Bodenständig und solide – das Gegenteil von einem selbst. Wo die Sofas immer noch so aussehen, als würden sie eigentlich der eigenen Großmutter gehören, kann einem die Welt nicht zu groß werden. Vielleicht sollen schwere Sofas und Tische aus Orangenkisten den Gästen vor die geschminkten Augen führen, dass hier alle noch ein Leben im Provisorium führen und sie hier richtig und nicht allein sind. Dass sie sich hier zu Hause fühlen dürfen, dass hier alle dreißig sind und trotzdem Zeit haben, mittags um zwölf im Café zu sitzen.

Matthias zumindest hat jetzt mehrere Angestellte und hatte zu Beginn erst einmal Angst vor seiner neuen Rolle als Chef. Er sagte von sich, dass er nun mal einfach nicht der »Typ Chef« sei. Weil er nämlich so nett sei und es höchst unangenehm finde, anderen Menschen Vorschriften zu machen oder Aufgaben zu übertragen, wo er doch selber noch manchmal denkt, dass er für seinen eigenen Erfolg überhaupt keine richtige Leistung erbracht, sondern dass er sich irgendetwas erschlichen und einfach nur Glück gehabt habe.
Im Grunde möchte ja jeder Mensch einfach nur geliebt werden. Und als Chef, dachte Matthias, würde er einfach ganz von selbst von einigen Menschen – seinen Mitarbeitern – nicht mehr gemocht werden. Er will aber gemocht werden. Menschen würden mit den Augen rollen, nachdem er den Raum verlassen hatte. Sie würden sonntagabends mit Groll an ihn denken und keinen Bock auf Montag haben, weil sie den Montag mit ihm verbinden. Er hingegen müsse nun mal ein bisschen böse oder mindestens streng sein und Autorität ausstrahlen, damit ihm die ganzen gleichaltrigen oder nur

unwesentlich jüngeren Mitarbeiter, die weder über Disziplin noch über Verantwortungsbewusstsein verfügten, nicht auf der Nase herumtanzten.

Bevor Matthias das erste Mal ein Vorstellungsgespräch führte, bei dem er auf der angenehmen Seite, nämlich der Chefseite, saß, hatte er sogar vor dem Spiegel einen passenden Gesichtsausdruck geübt, der ihm dann doch albern erschien. Das Einzige, worauf er sich freute, war das Vorhaben, dem Bewerber die Frage »Wo liegen Ihre persönlichen Schwächen?« zu stellen. Er wollte – nach zahllosen eigenen Bewerbungsgesprächen – einfach mal wissen, wie es sich anfühlt, jemand anderem eine so schlimme und unsinnige Frage zu stellen. Eine Frage, auf die es keine zufriedenstellende Antwort gibt oder geben kann und aus der die nackte Lust an der Schikane spricht.

Denn was wäre eine korrekte Antwort auf die Frage oder eine Antwort zumindest, die den potentiellen Arbeitnehmer nicht sofort in völligen Misskredit bringen würde? Bei den meistgewählten Antworten auf die Frage lassen sich unter durchschnittlichen Bewerbern zwei Hauptströmungen ausmachen: Zum einen gibt es die Bewerber, die auf die Frage so etwas wie »Puh, da fällt mir gerade nichts ein, aber sicher habe ich – wie ja alle Menschen – eine Menge, also unzählige Schwächen.« Diese Antwort ist natürlich nicht zufriedenstellend. Weil sie zeigt, dass man nicht nur unreflektiert seinem eigenen Ich gegenüber ist, sondern dazu auch noch total devot und es allen recht machen will. Weil man nämlich nach seiner erst sehr selbstbewusst klingenden Antwort sofort zurückrudert, um alles zu relativieren und zu sagen, dass man in Wirklichkeit problembehaftet und klein sei und vor allem keinen Deut besser als alle anderen Menschen dieser Welt.

Die zweite Antworttendenz ist fast noch schlimmer als die erste, es sind nämlich die Menschen, die auf die Frage mit einem Satz wie »Meine Schwäche ist, dass ich einfach zu perfektionistisch bin« antworten. Diese Leute halten sich für sehr clever. Weil sie um keine Antwort verlegen waren und nicht doof rumstottern mussten, aber mit dieser Antwort einfach nur eine scheinbare Schwäche aufgezählt haben, die sie – und im erwarteten Idealfall auch das Gegenüber – in Wirklichkeit aber als Stärke ansehen, die das Unternehmen weit nach vorn bringen wird.

Aber natürlich sind die Verwender dieser Tendenz nicht clever genug. Denn die Antwort wirkt in der Regel stark einstudiert und konstruiert, was den Arbeitgebern einen Eindruck von Beliebigkeit und mangelnder ehrlicher Vorbereitung vermitteln wird. Und auch wenn die Aussage stimmen würde – was sie selbstverständlich nie tut – hätte natürlich auch kein Chef Lust, sich im Unternehmen einen kleinen akribischen Tyrannen heranzuzüchten, der ausrastet, sobald sein Nebenmann einen Fehler macht oder sich mal einen Tag freinimmt.

Natürlich kann man aber den Verwendern keiner Tendenz ihre Antwort zum Vorwurf machen, weil es auf diese Frage keine zufriedenstellende Antwort gibt und sie rein psychosadistischen Gelüsten folgt. Denn eine ehrliche Meinung kann der Chef ja von den Bewerbern nun auch nicht ernsthaft erwarten, zumindest dann nicht, wenn sie an dem Job interessiert sind, denn er ist ja schließlich der zukünftige Chef und nicht der Psychologe.

Es wird daher wahrscheinlich selten einen Bewerber geben, der im Bewerbungsgespräch zur potentiellen Chefin auf die Frage nach den persönlichen Schwächen »Frauen« antwortet oder »ich bin total undiszipliniert und völlig frei von Selbstbeherrschung« oder »Ganz klar: Unpünktlichkeit«.

Matthias (der übrigens bei seiner ersten Jobbewerbung mal – was ihm heute noch peinlich ist – auf die Frage, was ihm an dem Berufsbild gefalle, geantwortet hatte: »Ich habe gerne mit Menschen zu tun«) zumindest stellte die Frage mit den persönlichen Schwächen dann doch nicht. Beim ersten Vorstellungsgespräch nämlich war der Bewerber, der bereits eine halbe Stunde vor dem Termin gesehen wurde, wie er wie ein hospitalisierter Zootiger auf der anderen Straßenseite auf und ab schlich, sehr aufgeregt und hatte Schweißflecken bis zum untersten Rippenbogen in seinem Hemd. Er warf als Erstes eine zum Glück noch ungeöffnete Colaflasche herunter, die er daraufhin schnell und hektisch vom Boden aufheben wollte und sich beim Wiederaufrichten am schweren Konferenztisch den Kopf stieß und auf Matthias' Frage, ob er sich weh getan habe, sofort antwortete, dass es selbstverständlich überhaupt gar kein bisschen weh getan habe.

Wenn ein Gespräch für den Bewerber so demütigend beginnt, kann auch der böseste Mensch nicht mehr in der Lage sein, die Schikanefrage nach den persönlichen Schwächen zu stellen. Daher nahm Matthias von seinen Plänen Abstand und war stattdessen nett wie immer. Der 29-jährige Bewerber bekam den Job. Beide waren zufrieden. Der Bewerber, weil er einen Job hatte, Matthias, weil er sich geirrt hatte. Denn Matthias merkte sehr schnell, dass es gar nicht schlimm war, dass er nicht herrisch und böse war, sondern stattdessen zum neuen Mitarbeiter sagte: »Ich bin bei so was auch immer total aufgeregt.« Denn der Bewerber richtete sich bei der Höhe des Gehalts vollständig nach Matthias' erstem Vorschlag, obwohl er extra Spielraum nach oben gelassen hatte. Nach Urlaubstagen oder Weihnachtsgeld wurde erst gar nicht gefragt. Ebenso wenig fragte der Bewerber nach einer finanziellen Bezuschussung, weil er für den Job von München nach Berlin würde ziehen müssen.

Nach monatelanger, vorbildlich erledigter Arbeit wollte der Angestellte irgendwann in den Urlaub fahren. Matthias genehmigte den Urlaub. Am letzten Arbeitstag vor dem Urlaub dann klopfte es leise und verhalten an Matthias' Bürotür, und Matthias bat den Mitarbeiter herein, der sich mit entschuldigenden, fast schuldbewussten Worten in den Urlaub verabschiedete. Er war zwar nicht so aufgeregt wie bei seinem Einstellungsgespräch, aber trotzdem hinterließen seine Hände auf der schwarzen Tischplatte feuchte Spuren, und Matthias merkte, dass es für ihn ein Gespräch war, das er schnell hinter sich bringen wollte. Dann sagte der Berufsanfänger: »Ich bin auf dem Handy die ganze Zeit über zu erreichen, die Mails schaffe ich leider nur so alle zwei, drei Tage zu checken, sorry. Es gibt ja auch nicht überall Internet-Cafés in Costa Rica.«

Chefs haben es sehr gut in der heutigen Zeit. Sie müssen nicht mehr der Buhmann sein, wenn sie dazu keine Lust haben. Sie können nett sein, sogar kumpelhaft, sie können mit ihren Angestellten Bier trinken, ihre Namen wissen, sich an der richtigen Stelle nach der abklingenden Erkältung erkundigen und verlören trotzdem nichts dabei. Das Bild des bösen Chefs, der seine Mitarbeiter schikaniert, überfordert und unter Druck setzt, hat sich überlebt.

Heute übernehmen das die jungen Mitarbeiter schon ganz von allein, sie brauchen keine fremde Hilfe, um sich fertigzumachen und devot gegenüber Autoritätspersonen zu benehmen. Sie machen sich selbst das schlechte Gewissen, zu früh gegangen oder wieder nicht als Erste im Büro gewesen zu sein. Und schon erwischt man sich dabei, doch noch mal rasch seine Mails um 24 Uhr vor dem Schlafengehen zu checken oder halt aus dem verdienten Urlaub in Costa Rica. Es könnte ja was Wichtiges »reinkommen«. Für die 1600 Euro brutto muss man sich schon auch ein bisschen anstrengen.

Natürlich sind nicht alle Chefs heute nett. Ich erinnere mich beispielsweise an den ersten Chef meiner Freundin Nina. Nina verdiente sehr schlecht, arbeitete in der Anfangszeit aber immer bis 22 Uhr oder länger. Irgendwann hatte sie sich durchgerungen, einen Termin mit dem Chef ausgemacht und bat um eine Gehaltserhöhung und sagte nach drei Entschuldigungen, sie komme mit ihrem wirklich spärlichen Gehalt einfach beim besten Willen nicht über die Runden. Ihr Chef blieb gänzlich unbeeindruckt und schlug ihr vor, sie könne doch mit dem Rauchen aufhören, das sei eh gesünder, und dann hätte sie außerdem schon 150 Euro mehr im Monat. Win-win-Situation!

Ich hatte mal bei einem Studentenjob einen wirklich schrecklichen Chef. Wir waren eine Gruppe Hostessen und trugen marineblaue Kostüme aus 100 Prozent Polyester, an denen man sich überall Stromschläge holte und immer senkrecht nach oben stehendes, elektrisch aufgeladenes Haar hatte, dem man mit einer halben Flasche Haarspray Herr zu werden versuchte, bis man aussah wie ein schlecht zurechtgemachter Transvestit. Dazu trugen wir pflasterfarbene Strumpfhosen und »Deichmann«-Pumps, ebenfalls aus Plastik, mit Einlegesohlen, die Zitronenduft verbreiten sollten, irgendwann aber zwar interessante Duftmarken hinterließen, aus denen man alles Mögliche, auf keinen Fall aber Zitrone herausriechen konnte.

Wir Hostessen begleiteten Veranstaltungen wie Vernissagen, Betriebsfeste großer Firmen oder blöde Promiveranstaltungen. Es war einer dieser Jobs, die jede Studentin schon mal angenommen hat, wenn sie zur Abwechslung mal nicht am Geldautomaten die Anzeige des Kontostands einfach zugehalten hat, um sich nicht den Abend zu verderben, und daher die Herausforderung annehmen musste, dringend in 10 Tagen mindestens 1000 Euro zu verdienen.

Unser Chef hatte eine dunkle Kurzhaarfrisur mit blondierten Spitzen, war immer auf Koks und nannte uns in Gegenwart von anderen Menschen oft »meine Bienchen«, weil wir so emsig und schnell waren. War niemand anders dabei, gab er uns hingegen ständig das Gefühl, lahmarschig, faul und korrupt zu sein, und unterstellte alle zwanzig Minuten einer verschreckten Hostess, zum Eigenverzehr etwas vom Büfett gestohlen zu haben.

Bevor die Arbeit begann, sammelte uns der Chef in einer der schäbigen Umkleiden zusammen und fragte laut so etwas wie: »Und Mädels, habt ihr Bock?«, und erwartete dann, dass wir laut und motiviert »Ja!« schrien. Dann sagte er: »Denkt dran, Mädels: Wir verkaufen kein Bier, wir verkaufen ›Warsteiner‹, wir verkaufen keine Cola, denn es heißt ›Coca-Cola‹.«

Dann rief er »Hopp, hopp, hopp«, klatschte dabei in die Hände und die Bienen-Armee in den Polyesterkostümen trabte an ihm vorbei ins Geschehen und trug die nächsten zwölf Stunden Schlachteplatten und ließ sich von entfesselten Geschäftsleuten auf den Polyesterpo hauen.

Lena machte mal ein Praktikum, bei dem sie jeden Abend

bis 23 Uhr bleiben musste, um erst auf den Ausdruck von einem riesigen Haufen Mitarbeiterpläne zu warten und um dann die verschiedenen Namen der Mitarbeiter mit Textmarkern in verschiedenen Farben zu unterstreichen. Auf ihre vorsichtige Frage nach zwei Wochen, ob es langfristig nicht möglich und sinnvoll sei, einen Farbdrucker anzuschaffen, lehnte ihr Chef ab, denn ein Farbdrucker sei teurer als eine Praktikantin.

Für das eigene Selbstwertgefühl ist es natürlich schon schlimm genug, wenn man wieder aus einem Vorstellungsgespräch kommt und wieder nicht losgeworden ist, dass man für ein abgeschlossenes Studium, Auslandserfahrung und jede Menge absolvierter Praktika prinzipiell schon davon würde ausgehen wollen, dass man so viel verdient, dass man vielleicht langsam mal aus seinem WG-Zimmer in eine eigene Wohnung ziehen kann, in der sich nicht jedes Mal, wenn man die Heizung etwas höher drehen will, die kleine Flamme in der maroden Gastherme mit einem drohenden Zischen verabschiedet.

Zumindest wäre es ja gehaltstechnisch auch damit getan, dass man den Urlaub vielleicht zur Abwechslung mal in einem Hotel verbringt, das keine Etagentoiletten hat, ohne dass es einen in solche finanzielle Bedrängnis bringt, dass man hinterher nicht mehr sein Auto zur Reparatur bringen kann.

Mit Chefs, die einem ständig zeigen wollen, wer den Längeren hat, kann man im Notfall noch leben und sich sagen, dass ja nun mal fast kein Mensch seine Chefs mag. Schlimmer für das eigene Selbstwertgefühl als Chefs mit mannsgroßer Profilneurose sind allerdings Kollegen, die sich ebenso benehmen.

Oft ist es einfach unverständlich, dass die alternde Kollegin, die nicht weiß, was Web2.0 bedeutet, was Youtube ist, wie Online-Banking funktioniert oder dass es ein musikalisches Leben nach Chris de Burgh gibt, nicht mal ein kleines bisschen Angst bekommt, wenn man selber jung und dynamisch, diplomiert, motiviert, mit einer dezenten, wohlriechenden Parfumfahne und mit einem ganzen Koffer von Praktikumsbescheinigungen und Fremdsprachenzertifikaten ins Büro schneit und freundlich »Guten Morgen« sagt.

Die Kollegin guckt nur kurz unbeeindruckt über den Rand ihrer Brille hoch, brummt einen formlosen Gruß, zumindest wenn sie einen guten Tag hat, und gießt dann Tee aus einer Thermoskanne nach. Eine Frau, die schon seit Jahren dort sitzt und die seitdem denkt, alle jüngeren Kollegen seien anscheinend einfach zu blöd für eine Festanstellung, denn sonst würde es ja wohl langsam mal klappen.

Julia machte einmal ein Praktikum bei einer Lokalzeitung. Eine Lokalzeitung, die nicht mal besonders gut war. Eine Zeitung, bei der auch schon mal vergessen wurde, die Bildunterschriften unter den Fotos zu kontrollieren und gegebenenfalls zu ändern, so dass bei Veröffentlichung unter einem Foto der Satz »der Dicke links ist übrigens der Vorsitzende« stand.

Der Praktikumsbeauftragte der Zeitung, den Julia im Haus suchen musste und bei dem sie sich dann freundlich vorstellte, war genau so, wie Praktikumsbeauftragte fast immer sind, egal in welcher Branche: Er wurde von den übrigen Kollegen als jugendlich wirkend angesehen, hatte eine Brille und schütteres Haar und wusste bis zu diesem Zeitpunkt überhaupt nichts davon, dass er der Praktikumsbeauftragte war, was ihn nicht davon abhielt, die ihm plötzlich zuteil gewordene

Autorität schamlos auszunutzen, um mit festem Blick und getragener Stimme zu dozieren, dass Julia sich wirklich glücklich schätzen könne, dass ihr die Möglichkeit gegeben wurde, hier, also genau hier, einmal ins Berufsleben »hineinzuschnuppern«.

Im Laufe des Praktikums drängte Julia sich in den ersten zwei Wochen noch arbeitstechnisch auf und strotzte vor im Sande verlaufenden Ideen, dann saß sie tagsüber oft stundenlang in der Cafeteria und trank Kantinenkaffee, bis sie nicht mehr geradeaus gucken konnte. Früher ging sie natürlich trotzdem nicht. Es könnte ja noch eine Aufgabe kommen!

Julia freute sich nicht über die viele freie Zeit während des Praktikums, weil sie das Praktikum nicht zum Spaß machte oder deswegen, weil sie mit ihren 28 Jahren noch einmal in eine Branche »schnuppern« wollte, sondern weil sie anstrebte, irgendwann auch mal einen Beruf zu haben, der es ihr ermöglichte, ein Kind oder auch zwei großzuziehen.

Gleichzeitig wurde ihr, je öfter sie Gespräche unter Kollegen belauschte, sich in der Redaktion umschaute oder die Zeitung auch nur las, bewusst, dass es keinen Grund dafür gab, dass sie der unterbezahlte Praktikant war und nicht jemand anders, etwa der Lokalredakteur mit dem Igelschnitt, der bis unter die Achseln gezogenen Hose, die sein Gemächt sehr stark in Szene setzte, und den Turnschuhen mit Neon-Reflektorstreifen, der vor Inkompetenz strotzte und sich bei festem Einkommen und mittelmäßigem Job vorkam wie Graf Koks. Der Igel-Mann hatte Julia noch nie gegrüßt oder nach ihrem Namen gefragt. Als er dann an einem Tag plötzlich das erste Mal auf sie zukam, verwechselte er Julias fassungsloses Starren darüber, dass sie nicht glauben konnte, dass es tatsächlich immer noch Menschen gibt, die ihre Sweatshirts in die

Hose stecken, mit Bewunderung und kam sich auf der Stelle noch geiler vor als vorher. Er riss sie aus ihrer Kantinen-Lethargie und ließ sie unattraktive, prestigelose Arbeiten für ihn erledigen.

Während Julia also Fleißaufgaben nachging, telefonierte er regelmäßig so laut, dass alle Menschen im Großraumbüro an seiner blöden Arbeit Anteil nehmen mussten. Er gerierte sich, als wäre er gerade dabei, einen zweiten Watergate-Skandal aufzudecken, wenn er einen armen Mann des Straßenverkehrsamtes mal richtig investigativ in die Zange nahm, um, komme, was wolle, aus ihm herauszupressen, wie es denn bitte angehen könne, dass an der Stralauer Allee der Autoverkehr für gewisse Zeit auf nur eine Spur reduziert wird. Immer wieder riskierte er einen unauffälligen Seitenblick auf Julia, die Fakten recherchierte, wichtige Passagen unterstrich oder Archivmaterial suchte. Dann gab der Igel-schnitt-Kollege ihr zu verstehen, dass man sich schon ein bisschen bemühen müsse, um irgendwann einmal seine Position zu erreichen. Julia verstand einfach nicht, warum dieser Mann ihren Job hatte.

Ich habe mal ein Praktikum bei einem Radiosender in Nordrhein-Westfalen gemacht. Dort hatte ich einen ähnlich unangenehmen Kollegen. Ein Mann, der nicht viel älter war als ich und der vor Selbstbewusstsein strotzte. Er war nicht untalentiert, eigentlich sogar recht gut, aber nun mal auch nicht um Längen besser als alle anderen. Trotzdem stellte er seine Arbeit und das, was er jeden Tag zu tun hatte, so dar, als wäre es derart kompliziert und anspruchsvoll, dass es niemanden sonst in diesem Sender, ach was, auf der Welt! geben würde, der sie an seiner statt verrichten könnte. Der Kollege hatte nicht mal eine hohe Position inne. Trotzdem zählten Anmerkungen von Chefs oder hierarchisch höher gestellten Mitarbeitern bei ihm nicht, und er erwiderte auf Kritik mit Sätzen wie »drei Redakteure, vier Meinungen«, um so zu verdeutlichen, dass sich über Geschmack schließlich nicht streiten lässt. Ein Mann, der überhaupt niemals Angst hatte, blöd dazustehen, und der nicht davor zurückschreckte, den Winter in einem Radiobeitrag »Väterchen Frost« zu nennen und einen Hund »der Vierbeiner«.

Während ich selber penibel darauf achtete, ja keine blöde Frage zu stellen, bloß nichts Abgedroschenes zu sagen und keinen schlechten Witz zu machen, räkelte sich der Kollege mit den Geheimratsecken und dem pfälzischen Dialekt in seinem nach hinten schwingenden Bürostuhl. Wenn man im Frühjahr auf der Redaktionskonferenz über die Zukunft der SPD diskutierte und der Kollege die sich entfesselnde Diskussion für unsachlich und spekulativ hielt, lehnte er sich noch weiter in seinem Stuhl zurück und sagte: »Weihnachten ist vorbei, da wollen wir mal keinen Spekulatius machen.« Ein Spruch, nach dem man selber – wäre er einem versehentlich herausgerutscht – bereits mit Gewichten an den Füßen auf einer Spree- bzw. Rheinbrücke stehen würde. Das wäre zumindest, so würde der Kollege augenzwinkernd sagen, in diesem Fall das »Wurst-Käse-Szenario«.

Aber man sagt nichts und grüßt jeden Morgen weiterhin freundlich, obwohl man sich eigentlich überlegen fühlt und denkt, man würde alle Aufgaben besser und kreativer erledigen können, wenn einen nur mal jemand lassen würde. Fast wünscht man sich eine Art Mäzen, eine Figur, die in der Vorstellung so aussehen könnte wie Helmut Schmidt oder wenigstens wie Joachim Fuchsberger, die einen an die Hand nimmt und mit einem gemeinsam herausfindet, was genau man will und wo genau die eigenen Stärken liegen, wie ein Großvater mit seinem Enkel im Spielwarenladen.

Menschen mit riesigem Selbstbewusstsein verunsichern, mich jedenfalls. Ein Selbstbewusstsein, von dem man sich oft überhaupt nicht erklären kann, woraus es sich speist. Eine Neid erzeugende Selbstverliebtheit, die Menschen zuteil wird und die Menschen ausnutzen, sobald sie in irgendeiner Form am längeren Hebel sitzen und plötzlich über Autorität verfügen. Menschen, die sich durchsetzen und sich wahnsinnig gut vorkommen, müssen nicht die beste Leistung bringen, es reicht, wenn sie so tun, als wäre es so, und möglichst laut »Hier!« schreien. Und wenn sie selber noch jemanden unter sich haben, der das Ganze mitmacht.

Auf genau diese Sorte Mensch stößt man oft während seines mühsamen Starts ins Berufsleben. Arrogante, oft auch nicht besonders geistreiche Menschen, deren Ego exponentiell zu ihrer eigenen Blödheit und Unzulänglichkeit zu wachsen scheint, die aber dennoch der festen, unumstößlichen Überzeugung sind, dass sich jeder andere Mensch von ihnen eine Scheibe abschneiden könnte. Sie haben zu allem eine differenzierte und überlegte Meinung, die sie lauthals kundtun. Sie sind entwaffnend.

Gerne würde man sich mal mit in die Hüfte gestemmten Armen vor die alternde Tee-Kollegin stellen und ihr sagen, dass sie so erschreckend langsam ist, dass es verwunderlich ist, dass sie nicht rückwärts arbeitet und dass sie so bestimmt keinen Job bekommen würde, wenn sie selber heute Berufsanfänger und nicht zufällig in die richtige Ära hineingeboren worden wäre. Ebenso wie man dem Mecki-Mann gerne zu verstehen geben würde, dass er eine Rechtschreibschwäche hat und die Wortschatzvariation eines dreizehn-jährigen Jungen, der gerade in die Pubertät kommt und da-her fast gar keine ganzen Sätze mehr spricht. Ebenso wie man dem Chef gerne sagen würde, dass man selbstverständ-lich nicht bereit ist, zwei Wochen lang unbezahlt zur Probe zu arbeiten, auch dann nicht, wenn das angeblich alle ma-chen. Anschließend könnte man – wenn man zu den ganz Mutigen gehört – berechtigterweise noch einmal betonen, dass man es eigentlich auch nicht für normal hält, dass man bei einem Vorstellungsgespräch nicht über die Höhe der Be-zahlung spricht. Dass man sogar nach dem ersten noch zu einem zweiten Vorstellungsgespräch anreisen muss, ohne je über Geld gesprochen zu haben. Mit dieser Ansage würde man sicherlich viele Chefs vor den Kopf stoßen, die der irri-gen Annahme aufgesessen sind, dass man aus rein altruisti-schen Motiven heraus einem Beruf nachgeht, nicht etwa des Geldes wegen.

Und ebenso möchte man der Chefin gerne sagen, dass es eigentlich überhaupt gar nicht in Ordnung ist, dass das Prak-tikum vorerst nicht wie eigentlich abgesprochen zu einer An-stellung führen könnte und man dafür aber für weitere sechs Monate weiter gern Praktikant bleiben darf. Nein, auch dann nicht, wenn man ab sofort die Monatskarte bezahlt bekom-men würde.

Obwohl man oft das große Bedürfnis und das noch größere Recht hat, auf Kollegen mit blühenden Profilneurosen oder Chefs mit maßlos übersteigerten Meinungen von dem, was normal und angemessen sein sollte, sehr barsch zu reagieren, guckt man dann doch oft nur mit großen Augen und einer kruden Mischung aus Faszination und Ekel fassungslos zu, wie man um zehn Uhr abends das Büro verlässt und eventuell noch anwesende Personen fragt: »Wäre es in Ordnung, wenn ich jetzt gehe?!«.

Kompetenzüberschreitende Kollegen und maßlose Chefs sind bei Berufsanfängern Ende 20 natürlich genau an der richtigen Adresse, denn wir haben gelernt, dass es schon irgendwie in Ordnung ist, ohne Vertrag zu arbeiten, schon wieder entgegen allem, was man sich vorgenommen hat, noch ein allerletztes Praktikum dranzuhängen oder sich von 3-Monats-Vertrag zu 3-Monats-Vertrag zu hangeln. Würde man sich weigern, es so zu machen, dann macht es halt jemand anderes. In Zeiten, in denen man sogar für einen Praktikumsplatz in einer nachmittäglichen Gerichtsshow bereits »Fernseherfahrung« mitbringen soll, muss man nun mal sehen, wo man bleibt.

Auch wenn man den minderbemittelten Verfassern der Praktikumsausschreibung am liebsten ihre Zettel und Online-Angebote um die Ohren hauen und ihnen sagen will, dass man das Wort »Voraussetzung« nur mit einem »r« schreibt. Man hatte sich nie beschwert darüber, dass aller Anfang nun mal schwer sei, auch wenn man diesen Satz früher nicht unbedingt auf sein eigenes Leben bezog, und man wusste ja immer, dass jeder mal klein anfangen müsse. Leider nur hat man seit Jahren das Gefühl, immer wieder klein anzufangen, ohne dabei irgendwann einmal dauerhaft größer zu werden. »Sie sind doch Berufsanfänger!«, sagt der Chef. Während man sich vorkommt, als hätte man schon mindestens fünfzehn schwere Berufsjahre hinter sich.

Die eigenen Eltern verstehen schon lange nicht mehr, was man eigentlich macht und wieso man die Dinge nicht anders angeht, wenn man doch permanenten Grund sieht, sich zu beschweren. Als Nina einen Job bei einer neuen Firma begonnen hatte, erzählte sie ihrem Vater, wie schlimm und unfair es sei, dass sie momentan immer bis 23 Uhr bei der Arbeit sein würde und ihre Kollegin, die ebenfalls jung und neu war, auch und dass sie sich nach getaner Arbeit spät am Abend immer beim Chef persönlich abmelden müssten und dass sie sich gegängelt und bevormundet fühlte.

Wenn sie also allabendlich nach Hause gingen oder zumindest in die nächste Bar, wo sie sich jeden Abend gemeinsam frustriert noch ein Glas Rotwein bestellten, anschließend in Sauflaune kamen und noch je drei Gläser hinterhergossen, diese Unvernunft am nächsten Tag bitter bereuten und erst dann langsam Besserung in Sicht war, nachdem sie sich in der Kantine zwei Brötchenhälften mit Zwiebelmett und jeweils einen Liter Cola gekauft hatten, mussten sie vorher ihrem Chef Bescheid sagen.

Am Anfang des Flurs liefen Nina und die Kollegin jeden Feierabend noch nebeneinander über die graue, grobmaschige Auslegeware, am Ende des Gangs, auf dem Kopierer, Zimmerpalmen und hier und da ein Mitglied der Putzkolonne standen, sah man die geschlossene Bürotür des Chefs, der ebenfalls immer bis spät am Abend noch im Büro war, um ungestört mit seiner Geliebten zu telefonieren.

Je näher die Bürotür des Chefs kam, desto langsamer wurde entweder Nina oder die Kollegin. Jede von ihnen versuchte, ihren eigenen Körper beim Laufen unauffällig ein kleines Stück hinter den Körper der anderen zu schieben, so dass man selber, am Ende des Flures, nicht diejenige war, die mit dem Chef sprechen musste, sondern diejenige, die im Halbdunkel hinter dem zum Bollwerk gewordenen Körper der Kollegin verschwinden konnte und nur noch bestens gelaunt »Bis morgen« rufen musste oder »schönen Abend noch!«.

Kam es nach minutenlanger, stummer Rangelei im Flur, deren körperliche Heftigkeit von Woche zu Woche merklich zunahm, schließlich zu einem Wortwechsel mit dem Chef am Ende des Gangs, sagte diejenige, die als Verliererin aus dem Flurkampf hervorging und daher vorne und im Blickfeld des Chefs stand, der aufschaute, die Telefonmuschel zuhielt und so tat, als würde er nicht wissen, warum man käme, dass sie jetzt mal langsam das Büro verlassen würden, worauf der Chef regelmäßig antwortete: »Wenn Ihr meint, dass Eure Arbeit getan ist, dann könnt ihr gerne gehen.« Die Betonung dieses Satzes lag immer sehr klar auf dem Wort »meint«.

Ninas Vater zeigte sich bei den Besuchen seiner Tochter von derlei Litaneien regelmäßig unbeeindruckt und sagte, wenn er sich überhaupt zu einem Kommentar herabließ, meist so etwas wie »Ich versteh nicht, warum du nicht einfach um sechs Uhr gehst«. Eine Antwort, die ein erfolgreicher Unternehmer, der immer glaubte, seiner Tochter von klein auf ein gesundes Maß an Selbstbewusstsein und Urteilsfähigkeit mitgegeben zu haben, gelten lassen würde, blieb Nina meist schuldig.

Wenn Nina vom Elternbesuch wieder nach Hause fuhr, drückte der Vater ihr an der Haustür, auf dem ein Schild mit der Aufschrift »Vorsicht vor dem bisschen Hund« vor einem Langhaardackel warnte, fast immer einen Hundert-Euro-Schein in die Hand. Nina lehnte fast immer dankend und schamviolett ab und sagte, sie habe schließlich schon Spritgeld bekommen, außerdem sei sie mit Mama gestern doch bei »dm« gewesen. Außerdem käme sie mit ihrem Geld super hin, so schlecht verdiene sie ja nun auch nicht, man müsse sich um sie nicht sorgen, und manchmal lege sie sogar noch etwas für die private Altersvorsorge zurück. »Riesterst du eigentlich?«, krakeelte die Mutter hallend aus dem Bad, während sie das doofe Gesicht machte, das Leute nun mal machen, wenn sie an sich selber eine Halskette schließen. Es war Zeit zu gehen. Der Vater sagte »Komm, jetzt nimm schon« und wedelte linkisch mit dem Schein. Nina nahm und kaufte Zigaretten und eine Tweedjacke von H&M.

An einem Sonntagabend war Antonia bei ihren Eltern zum Abendessen eingeladen. Sie sahen sich nicht besonders häufig, da sie etwa 150 Kilometer voneinander entfernt wohnten. Antonia hatte vor einigen Monaten als Junior-Irgendwas in einer Irgendwas-Agentur begonnen und sich immer ein bisschen für dieses komische neumodische Wort geschämt, das so wenig nach Beruf und Sprungbrett und so sehr nach einer weiteren mies bezahlten Praktikumsstelle mit wenig Rechten und vielen Pflichten klang.

Neben den anfallenden Aufgaben in der Agentur, die ihr oft nicht mal die Zeit ließen, zwei bis drei Freundschaftsanfragen oder private Nachrichten bei Facebook zu beantworten, durfte sie vor allem ihren wichtigsten Aufgabenbereich keinesfalls vernachlässigen, der aus der vollständigen Reiseorganisation inklusive Flughafentransfer ihres Chefs und seiner jungen Gespielin in ausgewählte Honeymoonsuiten in ganz Europa bestand sowie in der fachgerechten persönlichen Übermittlung von Blumenbouquets an diverse alleinstehende Damen in ganz Berlin – Strecken, die Antonia mit ihrem Privatauto zurücklegte und bei denen sie sich nie traute, zu fragen, wo eigentlich die offizielle Stelle war, derlei Fahrtkosten wieder einzutreiben.

Als sie am Sonntagabend bei ihren Eltern war, gab es Kohlrouladen. Ihr Vater war ein Mann mit einem Doppelkinn, der olivgrüne Multifunktionshosen mit Taschen, Ösen und Strippen trug, die man mit einem einzigen Handgriff mittels einer Druckknopf-Klettverschluss-Konstruktion auf Dreiviertellänge kürzen konnte. Ein Mann mit Glatze und Schnauzbart, in dem oft Essensreste hängen blieben, auf die man die ganze Zeit starren musste, während er sprach. Oft wetteten Antonia und ihre Schwester vor jedem Abendessen um die Anzahl der herunterfallenden Essensreste, um den ganzen Abend an keinem Gespräch mehr aktiv teilzunehmen, sondern nur noch auf den väterlichen Bart zu gucken.

Der Mann war Ingenieur, mochte Peter Maffay und sagte manchmal ungefragt und ohne entsprechenden Kontext einfach zwischen zwei Löffeln Bohnensuppe mit Speck und Kartoffeln, dass er in seinem Leben noch nie mit seinem Konto im Minus gewesen und außerdem auch noch nie zu spät gekommen sei.

Oft zeigte er auf Antonias Schuhe oder Jacken und fragte herrisch nach dem dafür gezahlten Preis, den sie natürlich regelmäßig um etwa 30 Euro untertrieb, obwohl die Schuhe oder Jacken ja nicht vom Geld ihrer Eltern, sondern von ihrem eigenen Einkommen bezahlt worden waren. Danach zog der Vater meist so etwas wie ein Dreier-Pack T-Shirts von Lidl aus dem Schrank, betonte deren einwandfreie Qualität, zog die Textilien weit auseinander, um ihre Elastizität unter Beweis zu stellen, und rieb den Stoff ruppig an Antonias Wange.

Ihre Mutter haute dann augenblicklich in die gleiche Kerbe und hielt ihren Fuß mit leichten Drehungen im Uhrzeigersinn vor Antonias Nase, um den modernen Damenschuh einer billigen Supermarktkette möglichst vorteilhaft in Szene zu setzen. Dabei rief sie immerfort und schnäppchenjägerisch »neun Euro fünfzig, neun Euro fünfzig«, so als würde man dem Schuh seinen niedrigen Preis nicht auch ohne diese Zusatzinformation ansehen. Ein weißer Damenschuh mit kleinen Luftlöchern auf der Höhe des Spanns, der an alte, an uralte Frauen erinnerte, die im Supermarkt regelmäßig in derselben Kassenreihe anstehen wie man selber, um vorgeschnittenes Graubrot, Erdbeerkonfitüre aus Plastikbechern und Limburger Käse zu bezahlen, und dort minutenlang laut atmend und mit zu Schlitzen verengten Augen passendes Kleingeld aus ihrer Geldbörse fingern, während man selber dringend die Bahn erreichen muss.

»Papa hat die gleichen Schuhe, die gibt's auch in Schwarz«, sagte Antonias Mutter, und Antonia fragte sich, ob Eltern sich denn nie gefragt haben, warum eigentlich das Tabuthema Fußgeruch gerade im Väter-Segment überdimensional vertreten ist und ob dies nicht vielleicht mit dem getragenen Schuhwerk in der Preisklasse von neun Euro fünfzig in Verbindung gebracht werden könnte.

Antonias Vater war sein ganzes Berufsleben lang in ein und derselben Firma in unbefristeter Festanstellung beschäftigt gewesen. Ihre Mutter war Hausfrau und hat die Kinder großgezogen. Antonia und ihre Schwester mussten nie die Haustür nach der Schule allein aufschließen, und es gab jeden Tag variationsreiche, warme Vollwertkost, in deren Planung sie und ihre Schwester mit gleichwertigen Stimmen großzügig einbezogen wurden. Es gab einen Süßigkeitenschrank mit Snickers, immer kalte Schnitzel im Kühlschrank, und bevor das Anschauen der Serie »Ein Colt für alle Fälle« erlaubt wurde, in deren tölpelhaften Darsteller Howie beide Mädchen zeitweise verliebt waren, mussten die Hausaufgaben erledigt worden sein.

Antonias Vater machte sich nie Sorgen um seine Tochter, bis zu dem Moment, als sie versuchte, im Berufsleben Fuß zu fassen. Er befürchtete, dass sie einfach niemals einen sozialversicherungspflichtigen, einigermaßen prestigeträchtigen Job haben würde, der genug finanziellen Spielraum bereithielt, einmal im Jahr zu verreisen und Kinder zu bekommen, die sie notfalls auch alleinerziehend großziehen könnte.

Da der Vater nicht durch vorsichtige Umsicht und Sanftheit, sondern vor allem durch die Charakterzüge eines ausgewachsenen Silberrückens von sich reden machte, fanden diese Sorgen in lauten Vorwürfen und harscher Kritik an Antonias Lebensweise Ausdruck, und er tat so, als würde Antonia spätestens morgen in einem bunten Poncho in der Fußgängerzone stehen und selbstproduzierte CDs mit Panflötenmusik verkaufen.

Oft prahlte er, dass er in ihrem Alter bereits mit einem Hausbau begonnen hatte, während sie schon über eine Betriebskostennachzahlung stolperte. Wenn Antonia erwiderte, dass sie immerhin ihr Studium relativ schnell absolviert hatte und seitdem noch nie arbeitslos gewesen sei und dass sie von ihren Freunden immer noch eine von denen war, die es eher gut getroffen hatten, sagte ihr Vater: »Du brauchst keinen Job, du musst dir endlich mal einen Beruf suchen.«

Als Antonias Mutter zum Abendessen die Kohlrouladen auftrug, war die Stimmung bereits unterirdisch. Alle hatten sich gesetzt, und der Vater begann einen langweiligen Tischmonolog über Neoliberalismus. Dann klingelte Antonias Handy mit einer Melodie von »Ton Steine Scherben«, die immer gespielt wurde, wenn »die Firma« anrief oder das Handy ihres

Chefs. Bei der Textzeile »Bei mir heißt das Wort zum Sonntag Scheiße« hatte Antonia hastig das Nebenzimmer erreicht und nahm den Anruf entgegen. Sie wechselte deswegen den Raum, weil sie nicht verantworten wollte, dass ihr Chef den lauten Bass ihres Vaters polemisch über Kapitalismus dozieren hörte.

Ihr Chef redete so leise vor dem lauten Hintergrund eines Flughafens, dass Antonia bei jedem Satz mehrmals nachfragen musste, um ihn zu verstehen, und dabei die Befürchtung in ihr aufstieg, dass sie dadurch vielleicht dämlich oder begriffsstutzig wirken könnte, obwohl ja er an der gebremsten Kommunikation schuld war, nicht sie. Er fragte, ob am letzten Freitag noch etwas Wichtiges bezüglich des aktuellen Projekts passiert sei. Antonia sagte nein, alles sei wie gehabt. Dann fragte der Chef, ob sie die Mail aus der Grafikabteilung von heute Mittag mit der neuen Layout-Idee bekommen hätte, und Antonia sagte, ihr Internet sei zurzeit leider kaputt, weswegen sie noch nicht die Gelegenheit hatte, heute ihre Mails zu checken, was natürlich eine Lüge war.

Dann erzählte er ihr noch ein paar völlig uninteressante Dinge von mittelmäßiger Aktualität. Eigentlich war ihm wahrscheinlich nur langweilig, während er am Band auf sein Gepäck wartete. Antonia war sehr freundlich und zuvorkommend, sagte oft »natürlich« und »gar kein Problem«. Sie sagte nicht, dass der Anruf gerade ungünstig sei, denn ihr latent immer vorhandenes schlechtes Gewissen, nicht genug getan zu haben und immer verfügbar sein zu müssen, meldete sich postwendend zu Wort, und als sie zurück ins Esszimmer kam, war die Kohlroulade kalt und der Silberrücken, dessen Halsschlagadern nun etwa einen Zentimeter aus seinem Hals herausstanden, außer sich.

Er stellte die Frage, die vielleicht einen kleinen Eindruck davon gibt, wie sehr sich das Berufsleben von früher zu heute verändert hat und warum Eltern nicht verstehen können, warum wir noch kein Haus bauen oder zögern, das erste Kind zu planen: »Wieso hat dein Chef überhaupt deine private Handynummer?« »Wenn der noch mal anruft, gehst du nicht dran«, befahl der Silberrücken dann noch, und ein Stück Kohl fiel aus dem Schnauz. Antonia wusste, dass das natürlich nicht ging. Auch dann nicht, wenn der Chef selber für sie fast nie telefonisch zu erreichen war und auch fast nie zurückrief, wenn sie ihn sprechen wollte.

Natürlich ist die Frage nicht unberechtigt, warum man im Berufsleben nicht viel forscher auftritt, viel lauter seine Meinung und seine Ansprüche vertritt und das Gebäude nach dem Vorstellungsgespräch auf der Stelle mit Kraftausdrücken um sich werfend verlässt ohne sich ein einziges Mal umzudrehen, wenn die Bezahlung für eine Vollzeitstelle so schlecht ist, dass man Probleme bekäme, eine Warmmiete von 350 Euro zu bezahlen und die Eltern endlich von der Pflicht zu entbinden, die Kfz-Versicherung weiterhin zu übernehmen.

An der Tagesordnung ist stattdessen eine anstrengende devote Haltung, die mit einem immer vorhandenen schlechten Gewissen einhergeht, das mal lauter ist und mal leiser. Niemand macht sich selber so klein wie Berufsanfänger mit Ende 20 oder Anfang 30, und das natürlich nicht ohne Grund.

Natürlich weiß man, dass man eigentlich in einem erwachsenen Alter ist. Das eigene Leben aber hat oft noch so wenig mit einem Erwachsenenleben zu tun, dass es nicht gelingt, sich in beruflicher Hinsicht auch wie ein erwachsener Mensch zu benehmen, der Verantwortung übernehmen kann und will und der weiß, wo genau er steht und wo genau er hin-möchte. Bauten die eigenen Eltern mit 30 Häuser, gründeten Familien und nahmen Kredite auf, haben wir heute Proble-me damit, überhaupt einen Arbeitsvertrag zu bekommen, und wüssten auch nicht, wer so blöd wäre, uns einen Kredit zu geben. Wir wüssten auch nicht, ob wir schon bodenstän-dig genug, überzeugt und bereit wären, dreißig Jahre lang ein Haus abzubezahlen. Wo bliebe denn da die Flexibilität, die uns die letzten Jahre als überlebenswichtig eingeredet wurde?

Der wichtigere Grund aber für Startschwierigkeiten und de-votes Verhalten ist die Tatsache, dass diejenigen, die heute 30 sind, die semimotiviert und völlig frei von Zukunftsangst oder Leistungsdruck ein Studium aufgenommen haben und sich von jeher leistungstechnisch in einem gesunden Mittel-feld aufgehalten haben – fortan der Einfachheit halber »wir« genannt –, auch in anderer Hinsicht eine Altersgruppe des Übergangs sind, jenseits vom sowieso schon steinigen Über-gang von der Jugend zum Erwachsenwerden, in dem einem schmerzlich bewusst wird, dass ein Kater plötzlich mehrere Tage Phlegma nach sich ziehen kann und dass man im Spie-gel einer neonbeleuchteten Umkleidekabine feststellen muss, dass sich unter dem eigentlichen Po langsam noch ein weite-rer, kleiner Po zu bilden beginnt. Jenseits davon, dass plötz-lich alle erwarten, dass man sich seinen Stand im Berufsleben erkämpft und gesichert hat, dass die Daueraufträge der El-tern tatsächlich auslaufen dürfen, man verstanden hat, dass man verdientes Geld auch versteuern muss und man sich dennoch immer noch nicht fühlt, als wäre man dazu bereit und imstande. Wir sind außerdem die ersten, die ganz unabhängig von ihrer persönlichen Konstitution auch Opfer eines anderen Übergangs wurden. Nämlich dem, dass der bloße Besuch einer Universität mit entsprechendem Abschluss plötzlich keine Karriere oder keinen sicheren Arbeitsplatz mehr garantiert, wir aber immer noch in dem Glauben aufwuchsen, es wäre so.

Meinen Eltern war es immer sehr wichtig, dass ich studiere. Das Fach war dabei eher zweitrangig. Natürlich wäre ein Medizin- oder BWL-Studium besonders sinnvoll, aber im Vordergrund stand, dass man überhaupt studieren ging. Es war allerdings auch noch eine Zeit, in der man nicht sofort für einen Freak gehalten wurde, der besser den Taxischein parallel zu seinem Magisterabschluss machen sollte, wenn er sich für das Fach Ethnologie einschrieb.

Eltern vermittelten, dass man als Akademiker schon einen guten Job bekommen würde, wenn man kein ganz schlimmer Faulenzer ist und ein bisschen darauf achtete, dass die Noten einigermaßen stimmten. Die Eltern taten dies natürlich nicht aus böser Absicht, sondern aus eigener Erfahrung, die besagte, wer studierte, dessen Zukunft sei eigentlich gesichert.

Die Schule hatte uns damals nicht zu Höchstleistungen gezwungen, höchstens diejenigen, die sofort und ohne Wartesemester nach dem Abitur Medizin studieren wollten, ohne vorher noch ein Jahr als Au-pair irgendwo eine Handvoll Kinder spazieren zu fahren oder in Australien zu surfen, und die daher auf der Zielgeraden des Abiturs schnell noch dafür sorgten, die Zahl hinter dem Komma ihres Einserdurchschnitts noch ein bisschen nach unten zu ziehen. Das deutsche Schulsystem wurde damals noch nicht kritisiert, und wenn sich aufgebrachte Elterninitiativen während unserer

Schulzeit zum Geldsammeln zusammenfanden, dann höchstens mit dem Ziel, einen Schulgarten anzulegen oder eine Kuschelecke, nicht etwa um Computer zu kaufen oder Englisch ab Klassenstufe eins einzuführen. Computer waren damals noch Spielgeräte, auf denen man die Pfeiltasten als Joystick verwendete und Spiele spielte, die zum Beispiel »Raketentunnel« hießen, und wurden von Eltern nicht gern gesehen.

Nach dem Abitur war es damals auch noch okay, sich erst mal ein bisschen von den ganzen Strapazen zu erholen, sich zu finden und zum Beispiel solche Dinge wie ein »Freiwilliges soziales Jahr« zu machen, was heute ungemein hippiemäßig und zeitverschwenderisch daherkommt und nach Zimtlatschen riecht und nicht nach der großen Karriere.

Man ging auch noch aus Spaß ins Ausland, nicht, weil es im Lebenslauf stehen muss und Mitbewerber auf einmal fließend chinesisch sprechen und eine Zusatzausbildung in Terrorismusforschung absolviert haben. Eine Schulfreundin zum Beispiel ging nach dem Abitur erst mal für einige Monate nach England. Heute würde sie diese Reise wahrscheinlich nur mit Sprachkurszertifikaten oder Praktikumsbescheinigungen vor Arbeitgebern rechtfertigen können, damals aber ging sie einfach, um auf einer Beerenfarm zu arbeiten, in fiesen Containern zu wohnen und mit tschechischen Feldarbeiterkollegen Beeren zu ernten, Rindfleisch aus Blechdosen zu essen und zu kiffen. Auslandserfahrung war noch echte Auslandserfahrung. Nicht unbedingt gleich ein angeberisches Praktikum, ein Sprachkurs oder irgendeine Art ausländischer Schul- oder Studienabschluss.

Wer früher in der elften Klasse ins Ausland ging, tat dies völlig ohne karrieristischen Hintergedanken, sondern um eine

Auszeit von den Eltern zu haben, einen coolen amerikanischen Slang zu erlernen (und danach vor Schulkameraden zu behaupten, kaum noch richtig deutsch sprechen zu können) oder sich Piercings stechen zu lassen, deren eitrige Löcher verheilt waren, bevor man den Eltern wieder vor die Augen trat. Es war eine Zeit, in der Eltern noch behaupteten, von allen Piercings bekäme man sofort Gesichtslähmungen.

Wir, die jetzt 30 werden, waren die Letzten, die in der Uni noch mit Overhead-Projektoren arbeiteten und nicht mit Powerpoint-Präsentationen. Wir waren die letzten, bei denen es noch normal war, dass man sechzehn Semester lang studiert. Es war zwar klar, dass Franzosen irgendwie mit allem vor einem fertig waren, aber uns war nicht bewusst, dass man irgendwann mal mit einem Franzosen um eine Stelle konkurrieren könnte.

Natürlich gab es auch schon früher die Leute, die plötzlich zum Studieren nach England oder sonst wohin gingen. Das war zu damaliger Zeit aber mitnichten die kosmopolitische Elite, sondern es waren – ganz im Gegenteil – diejenigen, die so furchtbar und hoffnungslos schlecht in der Schule waren, dass für sie überhaupt nur der Besuch einer englischen Privatuni in Frage kam, um überhaupt studieren zu dürfen.

Natürlich haben wir uns an der Uni zwischendurch mal überlegt, wofür das Ganze eigentlich nun gut sein soll, ob es einen tieferen Sinn für das eigene Studienfach gab und was genau daraus mal werden könnte, fest im Kopf verankert war aber die beruhigende Annahme, dass studieren allein schon reichen würde, um auf der sicheren Seite zu sein. Die leise Vermutung, dass das vielleicht gar nicht stimmen könnte, kam erst im letzten Drittel des Studiums. Als die ersten jüngeren

Studenten bei Referaten plötzlich mit ausgefeilten Präsentationen um die Ecke kamen, während man selber eine handgeschriebene Folie auf einen röchelnden Overhead-Projektor auflegte. Als sich plötzlich alle nach und nach E-Mail-Adressen zulegten, die dann wirklich aus dem eigenen Vor- und Nachnamen bestanden, weil klar wurde, dass E-Mails kein Unterhaltungsspielchen mehr waren, um etwa nervige virtuelle Geburtstagsgrußkarten zu verschicken, sondern dass sie das berufliche und private Kommunikationsmittel überhaupt werden würden und man sich langsam darüber bewusst werden musste, dass man die Karrierechancen in einem Unternehmen höchstwahrscheinlich verkleinerte, wenn man sich mit der Mail-Adresse mallorca-jimmy@freenet.de oder kleinemaus79@hotmail.com bewarb.

Wer zu unserer Uni-Zeit, vor allem im ersten Drittel, schon Praktika absolviert hat, war ein sehr ernsthafter Student, nicht aber unbedingt die Regel. Oder er war an einer Fachhochschule, wurde von den Studenten »richtiger« Universitäten immer ein bisschen belächelt und musste ständig studienbegleitende Pflichtpraktika machen.

Ich selber habe erst ziemlich zum Ende mit diesen komischen Praktika begonnen, von denen auf einmal behauptet wurde, dass sie unerlässlich seien und von denen auf einmal bei jüngeren Kommilitonen ständig die Rede war und von denen wir das letzte Mal anlässlich des Betriebspraktikums in der neunten Klasse gehört hatten.

Die Semesterferien, die heute vorwiegend für Praktika genutzt werden, die idealerweise bei McKinsey, Bertelsmann oder bei renommierten Anwaltskanzleien zu absolvieren sind, waren früher Zeit, die entweder zum ausgiebigen Ausruhen mit vorangehendem Ausgehen verwendet wurde oder zum Geldverdienen mittels prestigeloser Tätigkeiten. Ich erinnere mich an Sommersemesterferien, in denen ich ausschließlich geschlafen oder gefeiert habe. Drei Monate lang. Der Druck, Praktika zu absolvieren oder sich um die Zukunft zu kümmern, war nicht da. Oder zumindest nur so schwach, dass er sich problemlos beiseiteschieben ließ. Früher war es auch klar, dass alle, die die Semesterferien zum Arbeiten und nicht zum Ausgehen oder Verreisen verwendeten, blöde Jobs ohne persönlichen Bedarf an anschließender Weiterbeschäftigung hatten.

Die wenigsten waren Werkstudenten bei BMW oder öffentlich-rechtlichen Rundfunkanstalten. Schon diejenigen, die Hiwi-Arbeiten für Professoren erledigten, gehörten bei uns zur Elite. Die eigenen Jobs folgten dem Prinzip »Masse statt Klasse« und dienten dem stupiden Geldverdienen, keiner Zukunftsplanung. Neben meinem Job als Hostess im marineblauen Polyesterkostüm war ich selbstverständlich irgendwann einmal Kellnerin, ich habe in allen noch so windigen Callcentern oder Marktforschungsinstituten von ganz Berlin gearbeitet, ich habe Kleidung an übergewichtige Damen verkauft und in einer Spielhölle gearbeitet, in der sich ausschließlich soziale Randgruppen aufhielten und Bandenkriege stattfanden. Das Highlight meiner studentischen Tätigkeiten fand in einem Online-Konzertkartenverkauf statt, in dem meine Kollegen und ich im Vorverkauf zu einem sehr großen Konzert aus Langeweile alle Männer mit dem Namen »Wolfgang« nebeneinandersetzten, ohne jemals erfahren zu haben, ob die Männer dies während des Konzerts bemerkt haben.

Eine Kommilitonin hat als Mietdemonstrant gearbeitet, eine

andere hat im Solarium gejobbt, in dem die Voraussetzung ein dunkelbrauner, lederner Teint war, den sie sich unter der »Ägypten-Liege« hart antrainieren musste, die sie noch heute für ihre in ihrem Alter unangemessenen starken Falten um die Augen verantwortlich macht. Ein Bekannter hat Pakete unbekannten Inhalts durch die Stadt gefahren, wurde dafür in bar von Männern bezahlt, die aussahen wie der Pate, und hat sich nicht ein einziges Mal getraut, in ein Paket hineinzugucken. Und wiederum ein anderer war als Student in einer Videothek tätig, in der er die Pornoabteilung neu sortieren musste und dabei auf filmische Leckerbissen wie die Klassiker-Adaptationen »Vom Winde verwöhnt« und »Spiel mir am Glied mit Kot« sowie das jugendliche, anrührende Fäkaldrama »Klolita – der Arschficker war voller Darmherzigkeit« stieß.

Als wir uns an der Uni einschrieben war die größte Hürde die gemeine Frau im Immatrikulationsbüro, die einem an jeder Stelle bürokratische Knüppel zwischen die Beine warf und sich so benahm wie Sachbearbeiterinnen auf Berliner Bürgerämtern, die einem manchmal nach eineinhalb Stunden Wartezeit einfach stumm die soeben abgegebene, ausgefüllte siebenseitige lose Blattsammlung über den Tisch zurück schieben, einen anschließend starr fixieren und erst auf Nachfrage, was denn los sei und ob etwas nicht stimme, patzig sagen, das Formular sei fehlerhaft ausgefüllt, ohne im Anschluss daran auch nur die geringste Bereitschaft dafür zu zeigen, zu sagen, wo genau der Fehler liegt.
Es gab an Schulen noch keine PISA-Studie, an Universitäten noch keine Exzellenzinitiative, es gab keine Kritik am Studiensystem. »Elite« war ein doofes Wort. Das Thema Arbeits-

losigkeit wurde noch nicht unbedingt als Phänomen betrachtet, das jeden treffen könnte. Zumindest keine Akademiker, dachten wir. Oder wenn dann nur die von der Fachhochschule.

Wir waren die Letzten, die keinerlei Konkurrenzdenken zu den Kommilitonen empfanden, die Letzten, die dachten, die Unizeit sei in erster Linie eine Selbstfindungsphase, und dann leider auch die Ersten, die merkten, dass das alles überhaupt nicht stimmte.

Nie wurden daher – als wir uns des Trugschlusses bewusst wurden – die Lebensläufe krasser aufgemotzt als bei uns, nie wurde ein Strandurlaub in Thailand schamloser zu einem Hilfsaufenthalt in einem thailändischen Waisenhaus hochgeschrieben. Das Wort »Assessment Center« oder »Trainee« hatte bei uns in der Uni noch nie jemand gehört. Plötzlich war es auch nicht mehr normal und die Regel, dass man mit etwa 27 erst mit der Uni fertig wurde und damit noch relativ jung war. Langzeitstudenten nannten wir die, die mit 40 immer noch dabei waren, nicht die 29-Jährigen.

Während unserer Studienzeit wurde alles umgekrempelt, das, was man hatte, reichte auf einmal nicht mehr, plötzlich gibt es Pflichtpraktika, Bachelor-Abschlüsse, die 22-Jährige als ebenbürtig neben uns stellen, es gibt Zugangsbeschränkungen, es gibt Internet-Anschlüsse in Bibliotheken und ein Studiensystem, das Leistung erfordert und nur die Besten durchkommen lässt.

Wir haben anderen Studenten noch für 250 Euro die Jura-Klausur geschrieben und uns bei einem Professor zu fünft für ein mündliches Prüfungsthema angemeldet, damit jeder nur ein Fünftel an Informationen herausschreiben musste. Studentischer Sozialdarwinismus ist uns völlig fremd.

Und als wir schließlich doch fertig wurden, kamen wir – als wäre es ein böses Vorzeichen – mit akademischen Abschlüssen auf den Arbeitsmarkt, die es nicht mal mehr gibt. Es fühlte sich an, als würden wir mit einem Seepferdchen-Aufnäher gegen die Rettungsschwimmer von Malibu antreten. Früher hatte ich immer vor, mit meinem Uni-Abschluss zu prahlen, das hat sich jetzt irgendwie erledigt.

Die Tatsache, dass man bis zum Ende der Uni überall durchrutschte, führte dazu, dass man ins Berufsleben entlassen wurde, ohne jemals auch nur ein kleines bisschen Verantwortung übernommen zu haben.

Kein Wunder, dass man heute unsouverän in einem Vorstellungsgespräch sitzt, Prüfungssituationen nicht gewöhnt ist und das Blaue vom Himmel herunterlügt. Aber auch ein aufgemotzter Lebenslauf führt zum Erfolg, wenn man ihn nur so oft verschickt, auswendig gelernt und in dunklen Internet-Cafés ausgedruckt hat, dass man ihn sich selber abnimmt. Wow! Ich war wirklich so lange in diesem guatemaltekischen Kinderkrankenhaus?

Bewerbungsgespräche bedurften auf einmal detaillierter Vorbereitung, und man wusste nicht, über welches Thema sich der potentielle neue Arbeitgeber mit einem würde unterhalten wollen, weil man das Gefühl nicht los wurde, man müsse einfach alles können und von allem eine Ahnung haben. Es war anders als die Bewerbungsgespräche für Promotion-Jobs, in denen man nach der eigenen Wandlungsfähigkeit gefragt wurde und dann Punkte sammeln konnte, wenn man sagte, dass man schon Käsemädchen auf einem Volksfest war und Kaffeekanne für eine Supermarktkette. Man merkte, dass es durchaus von Vorteil ist, vor einem Bewerbungsgespräch über einen Monat hinweg wöchentlich den gesamten SPIEGEL auswendig gelernt zu haben, Personen wie René Obermann, Wendelin Wiedeking oder auch Ulrich Graf Brockdorff-Rantzau hinter einer Schattenwand und mit verzerrter Stimme zu erkennen, Hartz-IV-Sätze auswendig zu wissen, alle Präsidenten der USA und alle Jobs, denen Horst Köhler jemals in seinem Leben nachgegangen ist.

Man sollte, sobald der zukünftige Chef im Bewerbungsgespräch zufällig auf seine Liebe zur klassischen Musik zu sprechen kommt, automatisch und unauffällig mit verklärtem Blick »Die verkaufte Braut« von Smetana summen können oder wenigstens ein Streichquartett von Schostakowitsch.

Auf Abruf sollte man dann außerdem noch in der Lage sein, sein Gesicht zur Faust zu ballen und verschiedene Sichtweisen über alle gesellschaftlich relevanten Debatten der letzten 25 Jahre darzulegen, dabei so zu tun, als seien alle diese Sichtweisen auf dem eigenen Mist gewachsen, und dabei die Wörter »monokausal«, »Ambiguität« und »Zeitfenster« unterzubringen.

Natürlich ist man heute nicht der einzige Bewerber auf eine Stelle, weswegen man diesen ganzen Vorbereitungsquatsch ja auch macht, und natürlich ist dies nicht die einzige Bewerbungsrunde für diese eine Stelle. Mit einem zusammen wartet ein Haufen talgiger Heranwachsender auf die nächste Runde. Man sieht saubere Bewerbungsmappen und Bachelor-Abschlusszeugnisse im Fach »International Business Administration« von der Europa-Universität Viadrina in Frankfurt (Oder). Europa-Universitäten gab es früher auch nicht. Dann kommt ein junger Bewerber auf einen zu, grüßt unglaublich vital, ist provozierend gut gelaunt und fragt, ob man mit Kaffee trinken kommt, weil er seine »brandeins« schon ausgelesen habe. Er gehört zu der Generation, die bereits in jungen Jahren gelernt hat, dass es immer und überall richtig und angebracht ist, »networking« zu betreiben – ein weiteres Wort, das es in unserer Studienzeit noch gar nicht gab.

Es sind Menschen wie er, die sich bei H&M nicht mit angehaltener Luft hinter einem Kleiderständer verstecken, wenn sie die eigene Chefin mit einer Garnitur Snoopie-Unterwäsche und einer Wickelbluse über dem Arm durch die Reihen schlendern sieht, sondern sofort hinlaufen und ein Gespräch beginnen. Es sind Menschen, die immer und überall Telefonnummern, E-Mail-Adressen oder Xing-Kontakte einsammeln und sich zu Kaffees oder Mittagessen verabreden. Es sind dann aber auch die, die hinterher wissen, wen sie am besten anrufen könnten, wenn sie dringend einen Job brauchen. Viele 30-Jährige, inklusive ich selbst, finden das aufdringlich und unangenehm klettig und forsch und würden sich eher den Arm abhacken, als bei einem ehemaligen Praktikumschef anzurufen, zu fragen, wie es ihm so geht, und dann dazu überzuleiten, ob er einem nicht behilflich sein oder die eigene Bewerbungsmappe ganz nach oben schieben könne.

In der Kantinenschlange zum Kaffee erzählt der junge Mitbewerber, der sicher gedacht hat, dass man schließlich nie wissen könne, wobei ein »Kontakt« einem noch mal irgendwann behilflich sein könne, er kenne das Unternehmen bereits, er habe hier im ersten Studiensemester schon ein Praktikum gemacht.

Ich musste sofort an Lenas Diplom-Abschiedsfeier denken, zu der sie mich völlig eigennützig als Gratulantin mitnahm und vor der sie fast unerträglich hochmütig und visionär daherredete und glaubte, die Welt stünde ihr offen und wartete nur auf sie und die übrigen 20 Kommilitonen ihres sehr kleinen Studiengangs, den ich nach zwei Semestern entkräftet abbrach, um etwas weniger Anstrengendes zu wählen.

Es hätte in Lenas Vorstellung so werden sollen wie in einem amerikanischen Highschoolfilm, in dem alle Absolventen Roben tragen, nach einer rührenden Rede der Klassenbesten jubelnd ihre schwarzen Hüte in die Luft werfen und der Jubel dann im vom DJ aufgedrehten R'n'B-Sound untergeht, der einen Satz ruft, in dem der Ausruf »Abschlussklasse von soundso« vorkommt.

Bereits kurz vor der Feier musste Lena dann leider erfahren, dass ihr Freund Sven, der einen Sprachfehler hatte und seinen Namen selber »Zwen« aussprach, im Begriff war, mit einer anderen Frau einige romantische Tage auf der Nordseeinsel Amrum zu verbringen, dies auch nur auf mehrfaches Nachfragen zugab, und Lena bei dem Geständnis auch nur die Hälfte verstand, weil sie fast nur den Fahrtwind hörte, der ins gemietete Cabrio rauschte.

Lenas Vorfreude war nun vor Beginn der Abschlussfeier bereits empfindlich ramponiert, als sie in einem roten Seidenrock und einem wunderschönen Oberteil mit Wasserfallausschnitt zur Veranstaltung auflief.

Die Feier fand in einem fensterlosen, holzgetäfelten angemieteten Festsaal statt, der an die Mehrzweckhallen sehr kleiner Dorfgemeinschaften erinnerte. Es gab ein Büfett mit Hirschgulasch und ein schwer verdaubares Carbonara-Gratin sowie eine Art Mettigel in Form des Gallischen Hahns, denn das Studium hatte einen Frankreichbezug. Für die Vegetarier stand unter einem silbernen Kantinen-Warmhaltedeckel ein

189

fieser Auflauf aus zu einer einzigen Masse verkochten bunten Schmetterlings-Nudeln, 5000 Liter Gemüsebrühe, vier Erbsen, einer Dose Champignons, Tomaten und etwa drei Kilo Emmentaler Käse.

Der fahrige Institutsleiter kämpfte vor seiner Festrede auf einem bühnenartigen Podest mehrere Minuten lang mit dem Mikrophon, nicht weil es nicht funktionierte, sondern weil er sich durch die öffentliche Beschäftigung mit einem technischen Gerät futuristisch aufgewertet fühlte. Er klopfte mehrfach mit dem Finger auf das einwandfrei funktionierende Mikrophon, das daraufhin ploppende Laute von sich gab, und sagte immer wieder »Sprechprobe, Sprechprobe« und »eins, zwo, drei, vier« hinein, so lange, bis auch der letzte Gast verstanden hatte, dass der Institutsleiter mit der Handhabe eines Mikrophons auf Du und Du ist.

Dann erklärte er in einer zweieinhalbstündigen Rede, die auch die Partystimmung des größten Optimisten schwer drosselte, dass er kein Mann der vielen Worte sei, und schloss mit einem irreführenden Zitat von Anatole France.

Lena und ich tranken während der Rede Wein. Ich griff vorerst zu einer leichten Weißweinschorle, mit der ich mein »Schweinesteak Melba«, ein fettiges, in undefinierbarem Sud schwimmendes Kotelett, dessen Besonderheit in einem auf dem Steak thronenden halben Dosenpfirsich bestand, herunterspülte.

Lena starrte apokalyptisch vor sich hin und trank schweren, fast schwarzen Rotwein aus Südafrika. Am Nebentisch sagte eine Frau zu ihrem Mann: »Guck mal, Dieter, die trinkt das ja wie Wasser.« Dann verschwand Lena auf der Toilette. Da sie betrüblicherweise per Losverfahren zu der unangenehm selbstdarstellerischen Aufgabe verdammt war, die Abschlussrede zu halten, sah ich mich gezwungen, sie zu diesem Zweck von der Toilette zu holen.

Auf der Damentoilette hatte Lena, ohne abzusetzen, etwa einen Liter Wasser aus dem Hahn getrunken und gehofft, dass sie nüchterner werden würde. Anschließend hatte sie ein bisschen geweint und rote Flecken im Dekolleté abgepudert. Dann versuchte sie, ihr Augen-Make-up wieder in den Griff zu bekommen. Ich hatte sie gestützt und gesagt, dass bestimmt alles gut werden würde, und behauptet, sie wirke gar nicht besoffen. Lena nahm ihren linken Zeigefinger, verwendete ihn wie eine Zahnbürste und versuchte, dunkelviolette Weinbeläge von den Schneidezähnen zu kratzen.

Als sie mit einem Augen-make-up wie Twiggy und Stressflecken auf der Bühne des holzgetäfelten Festsaals stand, hatte ich die kurze Vision, dass sich ihr Blick erst gen Boden senken und dann verdunkeln könnte und sie mit einer anklagenden Geste auf das verschreckte Publikum zeigen und dann sagen würde: »Ich soll hier eine Festrede halten. Aber mir ist nicht nach feiern. Ich möchte nicht Ihnen etwas erzählen, derjenige, dem ich das Folgende zu sagen habe, ist nicht hier. Er ist weit weg und wird auch nie wieder in meiner Nähe sein. Er verbringt seine freien Tage auf Amrum mit einer anderen.« Ein Raunen ginge durchs Publikum, der Institutsleiter würde neidisch ein paar Stilelemente ihrer Rede notieren. Lena würde sich das Wasserfall-Oberteil und den Seiden-Rock vom vor Kummer und Gram ausgemergelten Leib reißen und »Zwen, das könnte alles dir gehören!« schreien, dabei die Arme ausbreiten und dann in spitzen Stiefeln, ausladenden Armbewegungen und der gleichen Tonlage und Theatralik wie Milva »Hurra, wir leben noch« singen. Im Publikum würde irgendwann gekichert, und Menschen würden sich gegenseitig unter dem Tisch gegen die Schienbeine treten, Lenas Kommilitonen würden sich hilflos und besorgt gegenseitig ansehen, mit den Achseln zucken, sich räuspern, ihre Röcke zurechtrücken oder ihre Krawatten lockern. Dann würden sie irgendwann geschlossen auf die Bühne steigen, der singenden, traurigen, entfesselten Lena unter widerwilligem Gezeter das Mikrofon entreißen, und zwei besonders starke Kommilitonen würden sie hinter die Bühne zerren. Der Rest der Gruppe würde unbeholfen und in falscher Tonlage ein eigens ausgedachtes, schlecht gereimtes Abschiedslied anstimmen, in dem sich »Diplom« auf »Immatrikulation« reimt. Das Publikum würde nur mittelmäßig mitgehen, hinter der Bühne würde man Lena randalieren hören.

Aber all das passierte nicht. Lena stand auf der Bühne und strahlte. Sie hielt eine Rede wie Cicero, sah nicht ein einziges Mal auf ihr Manuskript, sah viel besser aus als sonst und schwankte plötzlich auch nicht mehr. Sie sprach von der Verantwortung gut ausgebildeter Menschen, von Hilfe durch Wissen, von Moral und Ethik. Sie schlug galant den Bogen zu Kollegialität und Teamwork in unser aller nahen beruflichen Zukunft. Am Ende dankte sie souverän lächelnd für die Aufmerksamkeit des zutiefst gerührten Festsaals. Eine Kommilitonin verdrückte eine Träne, Eltern knufften ihren Söhnen in die Schulter und waren stolz. »Die Welt steht uns offen«, war Lenas letzter Satz. Der ist zwar etwas pathetisch und phrasenhaft, und ein leichtes Gefühl der Fremdscham ließ sich an dieser Stelle nicht vermeiden, hinterher würde Lena auch zugeben, dass sie diesen Satz spontan im Eifer des Gefechts noch angehängt habe, weil ihre Rede sie selber so gerührt hatte.

Nur ein miesepetriger Dozent, der schon die ganze Rede lang

gekünstelt lachte, stand süffisant grinsend mit einem Ellbogen aufgestützt an der Bar, schwenkte den Wein in seinem Glas, bestellte einen Cognac und sagte ins Nichts: »Geschafft habt ihr noch lange nichts. Die Scheiße fängt doch jetzt erst an.« Im Verlauf des Abends wird ebendieser mittlerweile stark alkoholisierte Dozent mit allen Absolventinnen getanzt haben und nach dem Brüderschafttrinken auf den Mund küssen wollen.

Nur vereinzelt sah man nach elf auf der Diplomfeier noch einen Professor im Zwiegespräch und natürlich dazu noch den einen Dozenten, der die Rolle dieses einen Menschen übernahm, den es auf jeder Party gibt: Ganz allein stand er auf der Tanzfläche und tanzte so ausgelassen und ekstatisch, als würde ihm niemand dabei zusehen, tranceartig, zum Teil mit geschlossenen Augen und wie das Mitglied eines sufistischen Derwisch-Ordens, kein bisschen auf einen Tanzpartner erpicht oder auf Kontakt. Der Mann würde kein einziges Mal mit rhythmisch zuckendem Unterkörper auf eine Frau zutanzen und bei keinem einzigen Song lustlos »och nö« in Richtung des DJs blöken und die Tanzfläche verlassen.

Fast alle anderen Dozenten und Professoren waren früh gegangen. Nur vorher sahen sie noch mal kurz amüsiert und ein wenig befremdet auf die Tanzfläche, wo die vorgebliche Elite zu »Griechischer Wein« und »Be my baby« ungeniert mit den Armen ruderte. Zum Glück waren sie alle bereits gegangen, als zu »Solang man Träume noch leben kann« der Münchner Freiheit ein Kreis gebildet wurde. Der miesmacherische Dozent stand im Wiegeschritt und mit geschlossenen Augen in der Mitte des Kreises und reckte die Fäuste mit ausgestreckten Zeigefingern rhythmisch in die Luft.

Eigentlich hatte sich nichts geändert gegenüber dem Gefühl, das man auch auf Abipartys hatte: Die Jungs rauchten plötzlich wieder Zigarren, um sich aufzuspielen, alle waren irgendwie traurig, dass irgendwas vorbei ist, auch wenn es keinen Spaß gemacht hatte. Man konnte sich nur knapp zusammenreißen, nicht auf dem Boden zu knien und mit den flachen Händen zu »We will rock you« abwechselnd auf Boden und Hände zu klopfen, und in ein paar Jahren würde man sich ein bisschen für das eigene Verhalten schämen und hoffen, dass es keine Fotos gibt. Die Luft im fensterlosen Raum wurde sauerstoffarm.

Als der Institutsleiter um drei Uhr morgens das Neonlicht in der Mehrzweckhalle aufdrehte, wie ein Vater in die Hände klatschte und »Schluss jetzt« schrie (worauf die erwachsenen Gäste mit Buhrufen und dem Sprechchor »einer geht noch – einer geht noch rein« reagierten) und so eindeutig zum Aufbruch drängen wollte, zog der postpubertäre Mob natürlich weiter und fuhr in einer überfüllten Taxikolonne in eine Bar. Im Taxi sagte Lena, sie würde sich höchstwahrscheinlich demnächst das Leben nehmen, vielleicht auch noch heute Nacht.

Dann erzählte sie dem empathischen Taxifahrer (Pädagogik, Psychologie und Soziologie auf Magister) die ganze Geschichte von Zwen. Kurz planten wir zwischendurch, eine Bar zu eröffnen, die wir »Chez Zwen« nennen könnten, ein Name wie ein Faustschlag. Der Taxifahrer Peter wäre auch dabei bei der Bar, sagte er. Und dass es ja nun wirklich nicht die feine englische Art sei, was der feine Herr Zwen da abziehen würde mit Amrum und dieser anderen. Er war ernsthaft böse.

Ich warf ein, dass der Freitod wegen eines Mannes, der für den Transport alltäglicher Büroutensilien einen enggeschnallten Rucksack mit Raffkordel und nicht etwa eine coole Umhängetasche aus LKW-Planen verwenden würde, doch irgendwie eine etwas überengagierte Reaktion sei. Würde Lena sich umbringen, sagte ich, würde sie sich nie wieder daran erinnern können, wie sie eben mit ihrem Statistikprofessor so gefühlvoll tanzte wie ihre Eurythmie-Lehrerin seinerzeit in der Waldorfschule in Rheda-Wiedenbrück, wenn sie Depressionen hatte.

Am nächsten Morgen wachte ich schon sehr früh und mit diesem komischen Herzklopfen auf, das sich unrhythmisch anfühlt und das ich neuerdings immer bekomme, wenn ich verkatert bin. Natürlich denkt man sofort an den Vorboten eines Infarkts und nimmt sich vor, später die Symptome zu googeln, falls man es an den Computer schafft.

Geistesgegenwärtig musste ich beim Nachhausekommen ein Fläschchen der orthomolekularen, apothekenpflichtigen Aufbauflüssigkeit Orthomol neben mein Bett auf den Nachttisch gestellt haben, das ich sofort im Liegen mit starrem Blick an die Decke austrank.

Anhand meines Mobiltelefons versuchte ich den Ausgang des vorherigen Abends zu rekonstruieren. Das ist neben der Telefon- und SMS-Funktion einer der Hauptgründe, warum ich ein Handy besitze. Natürlich wurde die Anschaffung eines Mobiltelefons damals vor meinen Eltern damit gerechtfertigt, Notrufe tätigen zu können, wenn man von einem Exhibitionisten verfolgt würde oder gerade in einer Lawine gefangen wäre und um Rettung bäte.

Um 5.30 Uhr hatte ich eine mir unbekannte französische

Mobilfunknummer gewählt. Um 5.35 Uhr eine frühere Urlaubsbekanntschaft angerufen. Laut Protokoll betrug die Gesprächsdauer nur drei Sekunden, woraufhin ich messerscharf kombinierte, dass ich wohl nur eine Mailbox erreichte, die ich außerdem nicht besprochen hatte. Erleichtert stellte ich fest, dass ich außerdem daran gedacht hatte, meine eigene Nummer zu unterdrücken. Wenigstens eine Sache, die ich in betrunkenem Zustand unterdrücken kann.

Die vorletzte Kurzmitteilung empfing ich um 7.18 Uhr, der Absender war Lena, und die Nachricht lautete: »Habe vier Brote gegessen. Zwei mit ungarischer Salami von Marcus, eins mit Bierschinken und eins mit Rügenwalder.« Die Uhrzeit der SMS veranlasste mich zur Annahme, dass ich immerhin noch nicht allein gewesen sein kann, als ich die Urlaubsbekanntschaft anrief. Nur eine Minute später zitierte Lena in ihrer letzten SMS ihren Yogalehrer, der seinen Schülern nicht nur Turnübungen vormachte, sondern sie auch noch mit Lügen und irren, unlogischen Sprüchen zu yogischer und vegetarischer Lebensweise zu erziehen versuchte: »Wir essen heute Wurst, wir essen morgen Wurst, übermorgen sind wir selber Wurst.«

Heute hat keiner von Lenas Kommilitonen eine feste, unbefristete Stelle. Die Eltern, die bei Lenas Diplomfeier ihren Söhnen noch stolz die Schulter tätschelten, werden langsam ungeduldig. Sie wollen Ruhe, sie wollen sich keine Sorgen mehr machen, sie wollen endgültig von ihrer Pflicht entbunden werden, sie wollen Enkelkinder, die es gut haben. Sie wollen Großeltern sein, keine Eltern mehr.

Denn sie haben den Übergang natürlich nicht in dem Maße bemerkt wie wir. Natürlich wissen sie, dass die Situation auf dem Arbeitsmarkt zu ihrer Zeit entspannter war, sie haben aber oft noch nicht verstanden, dass es heute nicht reicht, sich einfach ein bisschen mehr Mühe zu geben. Wenn Eltern sich beschweren und fragen, warum man nicht langsam mal mit einem unbefristeten Arbeitsvertrag aufwartet und man daraufhin wahrheitsgemäß sagt, dass man das selbst nicht wisse und dass aber keine der eigenen Freundinnen oder Kommilitoninnen über etwas in dieser Art verfügt, dann glauben sie einem nicht oder denken, man habe es von allen besonders schlecht getroffen. Selbstverständlich haben sie recht, wenn sie sagen, es sei ja wohl nicht zu viel verlangt, als studierter Berufsanfänger mehr als 20 000 Euro im Jahr zu verdienen. Aber wir sind nicht die richtige Adresse, diese Beschwerde vorzubringen.

Gerne und oft sagen Eltern dann Dinge, die sie noch aus dem Schlaue-Sprüche-Repertoire ihrer eigenen Generation kennen, die aber auf die heutige Situation am Arbeitsmarkt überhaupt nicht mehr anwendbar sind. »Sag denen doch einfach, du willst einen festen Vertrag, sonst bist du weg!« Dazu hauen Mütter dann gerne mit der Faust auf den Tisch und machen ein unglaubwürdig böses Gesicht, um noch mehr Tabula rasa und Standfestigkeit anzudeuten. Danach kommt ein Gesicht, das aussagen soll: »Siehst du, so musst du das machen!«

Es hilft nicht, in diesem Moment zu erwähnen, dass ich, gesetzt den Fall, ich würde diese kleine Szene darbieten, sehr schnell »weg« wäre und dass ich vermute, dass – sollte dieser Satz fallen – auch gelacht werden würde. Entweder vom Arbeitgeber selber, der dabei wahrscheinlich so tun würde, als würde er etwas in seiner Schreibtischschublade suchen, um mich nicht zu kränken. Oder aber auch von dem nächsten

197

studierten, motivierten Anwärter, der zwar im Moment noch Praktikant ist, nun aber seine Chance zum schnellen Aufstieg mit immerhin irgendeiner Art von Bezahlung wittert und schon mal kichernd anfängt, meinen Schreibtisch frei zu räumen und alle Stifte, Bilderrahmen, Gummibärchen und meinen Manager-Wutball unwirsch in einen Pappkarton zu werfen, den er mir in die Hand drückt, während er mich schon aus dem Bürogebäude drängelt und die Tür verrammelt.

Natürlich sieht man bei Müttern, dass sie aus einer anderen Zeit kommen, wenn man ihnen Geschichten aus dem schweren Beruf erzählt und sie dann sagen, der Chef sei ja wohl ein Armleuchter. Dann geben sie einem lieb gemeinte, wohlwollende Tipps, die nur Mütter geben können und die noch nie geholfen haben. In der Schule nicht und heute erst recht nicht. »Sei einfach du selber«, oder »Stell dir den Chef doch einfach in Unterhosen vor«. Beliebt sind bei Müttern auch Sätze wie »Dann klagst du halt auf Lohnfortzahlung im Krankheitsfall!«, die ganz nebenbei und ohne hochzugucken geäußert werden, während die Mutter Zeitung liest und einen Joghurt mit Nüssen isst.

Meine Freundin Bianca erzählte, sie hätte neulich Streit mit ihrer Mutter bekommen. Sie war gerade erst aus dem Thailand-Urlaub zurückgekehrt, den ihre Eltern ihr anlässlich ihres unter furchtbaren Geburtsschmerzen beendeten Studiums mit einem Kredit vorfinanziert hatten, dessen Kosten sie nach und nach bei den Eltern abstottern sollte und von dem sie insgeheim hoffte, er würde bei ihnen mitsamt seinen horrenden Ausgaben gedanklich in beiderseitigem stillem Einvernehmen im Sande verlaufen.

Es war der erste Urlaub, bei dem Bianca Geld von ihren Eltern bekam und die Mutter bei Biancas mit großen Augen getätigter Ansage »Ich zahl's euch zurück« nicht »ja, machst du irgendwann mal, wenn du Geld hast« nuschelte und das Thema wechselte. Dieses Mal notierte Biancas Mutter die genaue Summe tatsächlich in ein kariertes Oktavheft, ein Relikt aus den schulpflichtigen Tagen ihrer Kinder, seit denen Biancas Mutter ganze Schubladen voller Rechenhefte, Vokabelhefte und Tintenkiller zu Hause hortete, die nie aufgebraucht wurden.

Bianca war bei Rückreise eigentlich nur auf einen Abstecher bei ihren Eltern vorbeigereist, um ihnen mit einer geschlagene drei Stunden dauernden Diashow auf die Nerven zu gehen und ihr Reizdarmsyndrom nach dem anstrengenden thailändischen Essen mit Serviettenknödeln, Bratwurstschnecken und brauner Sauce wieder in den Griff zu bekommen. Als das letzte Foto der Diashow durch war, ein Bild, das Bianca mit ausgestrecktem Arm entkräftet und müde von sich selbst am Flughafen von Bangkok gemacht hatte und auf dem sie ein bisschen aussah wie Tim Burton, sagte Biancas Mutter schmallippig: »Ja, sehr schön.«

Dann fragte sie, ob denn die Affäre mit einem Tauchlehrer sowie ein maßgeschneidertes Geisha-Kostüm für den nächsten Karneval die einzigen Errungenschaften des Urlaubs seien, oder ob sie sich auf ihrer Bast-Strandmatte eigentlich auch mal zwischendurch Gedanken gemacht habe, wie es mit ihr beruflich nun weitergehen soll, und ob sie sich bereits Stellenanzeigen durchgelesen hätte und ob nicht einige Bewerbungen morgen schon »rausgehen« könnten, sie hätte zu diesem Zweck auch schon Briefmarken besorgt.

Bianca verfiel in einen weinerlichen Ton und sagte: »Mit meinem Studium könnte ich im Prinzip ja alles machen.« »Eine

199

Sache reicht völlig«, sagte ihre Mutter schnippisch. »Leicht hatten wir es alle nicht. Entscheid dich mal!« Bianca sagte, die Mutter habe leicht reden, und sie, Bianca, würde sich mit Entscheidungsfindungen auch nicht so wahnsinnig schwertun, wenn es bei ihr ebenfalls nur um solche Entscheidungen ginge, zu bestimmen, ob man seine Radtour heute mal lieber ins nördliche oder doch ins südliche Umland machen will und ob es bei dem Ausflug notwendig sein wird, eine Regenhaut mitzunehmen.

Natürlich fühlte sich jetzt wiederum Biancas Mutter angegriffen, die ihre Karriere den Kindern geopfert und daher nur mal aus Langeweile zwischendurch gearbeitet hatte, und ließ die bereits zum nächsten Vortrag bereitgelegte CD mit den Fotos von der Radtour in den Westerwald vom letzten Sonntag unauffällig mit einem Fußtritt unter der Couch verschwinden.

Es kam zum Streit, Bianca sagte, wenn es heute nicht alles so schwer wäre, dann würde sie schon längst mehr verdienen, als ihr Vater jemals verdient hatte. »Hättste, könntste, wärste«, sagte die Mutter, lachte höhnisch auf und verstand nicht, dass man das nicht sagen darf, zumindest dann nicht, wenn man daran interessiert ist, dass sich das trotzige, erwachsene Kind besinnt und noch einmal in Ruhe von der eigenen Gelähmtheit erzählt und von der Angst, nichts zu finden, mit dem es glücklich ist, und niemals einem eigenen Kind zum 18. Geburtstag einen Kleinwagen kaufen zu können. Und von dem Gefühl, ein Torso der Unausgeglichenheit und Verwirrung zu sein, immer ein bisschen langsamer als alle anderen, verstockt bis zum Anschlag, in der Schockstarre einer Eidechse, weil alles nicht so kam, wie man es selbst erwartet hat. Und sauer, weil man sich zum ersten Mal selbst da raushelfen muss und sogar Mama und Papa sich abwenden und so tun, als hätten sie damit nichts am Hut.

Bianca wünschte sich zurück ins Erasmus-Studium nach Spanien, weil sich nichts so beruhigend und schön anfühlt, wie das von allen Seiten legitimierte Verplempern von Zeit und das Zelebrieren der eigenen Jugend. Eine Zeit, in der man zwischendurch aufgeregt bei den Eltern anruft und die wohlwollend alle Erlebnisse abnicken und anschließend eine großzügige Tapas-Pauschale aufs Konto überweisen. Und weil sich im Gegenzug nichts so unstet und beunruhigend anfühlt wie die Quittung dieser Jahre: die Erwartungen, die einen unvorbereitet treffen und unangekündigt. Die Plötzlichkeit und Drastik, die Zweifel aufkommen lässt, ob man qualifiziert, klug und energisch genug ist.

Bianca räumte (strategisch denkend, weil Eltern Einsicht oft mit Zuwendung quittieren) ein, vielleicht hätte sie sich ja schon etwas früher darüber klarwerden müssen, dass sie konsequent in eine Richtung hätte gehen müssen. Die Eltern blieben hart. »Hätte, hätte, Vinaigrette«, sagte der Vater.

Wieder so ein Satz, der sprachlich wie inhaltlich zeigt, dass die eigenen Eltern noch aus einer ganz anderen Zeit stammen, die andere Muster der Zusammenarbeit und andere Verhältnisse kannte.

Als ich einmal stolz von einem erfolgreichen Vorstellungsgespräch kurz bei meinen Eltern vorbeiging, um Lob abzustauben, und sagte, dass ich jetzt ganz offiziell eine »freie Mitarbeiterin« bei einem öffentlich-rechtlichen Radiosender sei, sagte mein Vater irritiert, er verstehe ehrlich gesagt meine Euphorie überhaupt nicht, ohne Rechte, Weihnachtsgeld und dafür mit allerlei Pflichten und viel Eigeninitiative bei einem Sender zu arbeiten, der den ganzen Tag »My Sharona«

spielt und wenn es witzig werden soll, Angela Merkel nachmacht. Mein Vater sagte, der Sender könne doch heilfroh sein, mich als Mitarbeiterin zu haben und ja wohl nicht umgekehrt.

Natürlich wurde auch meine Euphorie später auf eine harte Probe gestellt, als man mir bei ebenjenem Sender anbot, alle zwei Wochen drei Bücher zu rezensieren und hierfür insgesamt 152 Euro brutto als Honorar zu erhalten. Unter schmerzhafter Inanspruchnahme meines gesamten Rückgrats lehnte ich ab und sagte, die Bezahlung sei unter aller Kanone und ich würde diese Aufgabe daher nicht ausführen können, wenn ich weiterhin meinen Kontostand bei stabilen minus 2500 Euro würde halten wollen. Den Job übernahm dankbar eine Kollegin, die die Buchrezensionen dann meistens bei Amazon abschrieb. Ihre Begründung lautete, sie sei froh, »wenigstens einen Fuß in der Tür« zu haben. Auch sie hatte verstanden, dass »einen Fuß in der Tür haben« das neue »alle Türen stehen dir offen« ist. Außerdem, sagte sie, würde sie die miese Bezahlung nicht so wahnsinnig in Bedrängnis bringen, sie habe nämlich momentan noch die Möglichkeit, auf das Erbe ihrer verstorbenen Großmutter zurückzugreifen.

Lena hatte nach ihrer ausschweifenden Abschlussfeier einige Vorstellungsgespräche und arbeitet gerade mit einem Sechsmonatsvertrag und aus Verlegenheit in einem Bereich, der ihr keinen großen Spaß macht und den sie nur panisch annahm, weil sie fürchtete, nichts Passenderes zu finden. Sie ist nicht so traurig, wenn ihr Vertrag ausläuft.

Aus Spaß mailen wir uns manchmal die uninspirierendsten Jobangebote eines komischen Newsletters, der uns beiden regelmäßig zugestellt wird. Ich mailte ihr neulich das Angebot als PR-Beraterin der »Schneemenschen GmbH« mit der Zusatzinformation, dass die »Schneemenschen GmbH« ihrerseits »Marktführer für Wintersport und Alpeninformationen« sei. Anschließend schickte ich ihr noch das Moderatorengesuch für das neue Format »TraumpartnerTV« hinterher, von dem niemand weiß, wie und wo man es empfangen kann. Lena schickte mir daraufhin mit dem Betreff »exakt auf dich zugeschnitten« das Jobangebot vom »Deutschen Zigarettenverband« der dringend eine Pressesprecherin suche. Darunter schrieb sie: »Vielleicht könntest du da was abstauben, habe in diesem Monat nur noch 34 Euro für Zigaretten übrig.«

Vielleicht verdient man gut als PR-Beraterin der »Schneemenschen GmbH«, vielleicht herrscht dort außerdem ein tolles Betriebsklima und auf der Weihnachtsfeier, die in dieser Firma bestimmt ausschweifend gefeiert wird, gäbe es als Geschenke Reisegutscheine oder Unterhaltungselektronik. Leider käme der Job trotzdem nicht sofort für einen selbst in Frage. Denn heute zählt es mehr denn je, dass man einen Job hat, der zu einem passt wie ein Lebenspartner.

Wer heutzutage als junger Arbeitnehmer zugibt, dass er an seinem Beruf nur mäßigen Gefallen findet, lieber zu Hause bleiben würde, als hinzugehen, und ihm in erster Linie nachgeht, um seine eigene Freizeit zu finanzieren, ist irgendwie komisch. Die Stellenanzeigen, deren Voraussetzungen man vollständig erfüllt und mit denen man sich dazu auch noch identifizieren kann, sind rar. Denn die Identifikation mit einem Job ist heute wichtiger denn je. Nicht umsonst ist die erste Frage, die fällt, wenn man jemanden kennenlernt: »Was machst du so?«, und nicht etwa »Woher kommst du?« oder »Was sind deine Hobbys?«.

Wer heute sagt, er würde halt gern zum Geldverdienen zu Hause Kugelschreiber zusammenbauen, um dafür seine Selbstverwirklichung im Freeclimbing, im Reiki oder im Biertrinken zu finden, wird nicht bei jedem der erste Facebook-Kontakt werden.

Man soll in seinem Job »aufgehen«, er soll die eigene Persönlichkeit in irgendeiner Form unterstreichen, er soll zu einem selbst »passen«. Kein Wunder, dass es so schwer ist, sich einen Beruf zu suchen. Die Tatsache, dass man erwachsen wird, lässt sich übrigens auch daran ablesen, dass man auf einmal beginnt, mit beruflichen Erfolgen anzugeben, nicht mehr mit Liebschaften oder Verehrern, obwohl diese Berufs-Erfolgsgeschichten für alle Zuhörer meistens deutlich langweiliger sind.

Die eigene Mutter würde einen heute vermutlich für verrückt erklären, wenn man das Angebot ablehnen würde, für zwei Jahre lang in guter Einstiegsposition für die Vereinten Nationen in New York zu arbeiten, mit der Begründung, dass man sich in Deutschland doch eigentlich sehr wohl fühlen würde und dazu überhaupt keine Lust hätte. Außerdem würde man seinen eigenen, ganz persönlichen Lebensschwerpunkt momentan eher in der Aufrechterhaltung einer stabilen Liebesbeziehung sowie in der Schaffung einer eigenen Familie sehen.

Mutter würde daraufhin, wenn man sie in einem guten Moment erwischte, fassungslos die Hände über dem Kopf zusammenschlagen, in einem schlechten Moment würde sie einen vielleicht sogar an den Schultern packen, schütteln und inständig wünschen, dass die Beziehung des Kindes sofort irreparabel in die Brüche geht. Der dezente Hinweis, dass die Mutter ja selber auf eine berufliche Karriere verzichtet hat, um die Kinder großzuziehen, und dass sie dabei nicht unbedingt unglücklich wirkte, läuft dabei komplett ins Leere. »Damals« sei schließlich alles noch anders gewesen. »Wenn ich früher deine Möglichkeiten gehabt hätte …«

Wer sagt, er verspüre zwar keinerlei einschüchterndes Minderwertigkeitsgefühl gegenüber anderen Arbeitnehmern, sei aber einfach nun mal nicht besonders ehrgeizig und würde gerne auf einen Teil der gesellschaftlichen Anerkennung sowie des Gehalts verzichten, wenn er dafür jedes Wochenende freihätte und abends immer ab sechs zu Hause wäre, um arbeitsfernen Interessen nachzugehen, gilt schnell als uninteressanter als ein junger Unternehmensberater, der vor sozialer Inkompetenz strotzt und mit dem sich lockere Privatgespräche so locker anfühlen, als wäre man bei Michel Friedman zu Gast und hätte vorher alle Politiker mit Hitler verglichen.

Zumindest junge Frauen haben außerdem noch gleichzeitig mit der Kinderfrage zu kämpfen. Seitdem »Kinder und Karriere« zu einem geflügelten Wort geworden ist, wird auch weithin davon ausgegangen, dass man beides – Kinder und Karriere – zu wollen hat. Obwohl man sich für beides vielleicht noch gar nicht bereit fühlt und beide Aufgaben viel zu groß erscheinen. Daher steigt natürlich die Angst, all das womöglich überhaupt niemals auf die Reihe zu bekommen, während die Gleichaltrigen schon alle ihre Bleistiftröcke und Pumps im Schrank liegen haben, sie manchmal herausholen, mit der Fusselbürste abbürsten, sie verklärt lächelnd betrachten und nur noch auf den richtigen Moment warten, um mit dem durchdringenden Stakkato ihrer geputzten Stilettos über lange Flure zu tackern und in die Vorstandsetagen der internationalen Konzerne einzureiten. In der linken Hand tragen sie einen Aktenkoffer, in der rechten einen zufriedenen, bräsigen Säugling.

Der eigenen Selbstverwirklichung sind heute keine Grenzen gesetzt. Es wäre bloß super, wenn man sich dabei auf den beruflichen Teil des Lebens beschränken würde. Wer heute den Beruf einzig und allein deswegen ausübt, damit er am Wochenende weiterhin überall mit dem Taxi hinfahren und nach dem zweiten Bier damit anfangen kann, fremden Leuten Schnäpse auszugeben, der sollte nicht allzu oft davon sprechen.

Bei all dieser Berufszentriertheit ist es kein Wunder, dass man Leute mitleidig anguckt, wenn sie mit peinlich berührtem Blick zugeben, es würde bei ihnen beruflich gerade nicht so gut laufen, oder der Berufseinstieg würde sich doch wider Erwarten als sehr holprig und schwer erweisen. Man steht heute eher als Loser da, wenn man beruflich nicht viel auf die Reihe bekommt, als wenn man seit Jahren schon ungewollt Single ist und jeder potentielle Partner nach zwei Wochen davonläuft, weil man unausstehlich ist.

Das ist auch der Grund, warum man gerade vor flüchtigen Bekannten, die man nicht mit Selbstfindungsproblemen belasten, von denen man nicht belächelt werden und denen man in nichts nachstehen will, so tut, als wäre man beruflich auf dem aufsteigenden Ast. Das wiederum ist ja auch der Grund, warum man nach Gesprächen mit anderen oft denkt, man selber wäre derjenige mit dem wenigsten beruflichen Erfolg. Hier wird das gleiche Prinzip angewandt wie bei Lebensläufen. Es wird in flüchtigen Gesprächen nicht richtig gelogen, sondern nur an der einen oder anderen Stelle ausgespart oder aufgebauscht.

Treffe ich flüchtige Bekannte auf der Straße, kann es passieren, je nach Tagesform, dass sie nach einer kurzen Unterhaltung davon ausgehen, dass ich demnächst den Henri-Nannen-Preis gewinnen werde. Ich hingegen denke, dass das Herzzentrum der Charité in zwei Jahren nach der alten Schulfreundin benannt wird.

Dabei habe ich selbstverständlich verschwiegen, dass mein Arbeitsalltag oft nicht darin besteht, das obere Drittel der deutschen Gesellschaft über wichtige Themen zu informieren, sondern eher vielleicht darin, mit einem Mikrofon in der Hand durch die Fußgängerzone der Wilmersdorfer Straße zu laufen und Passanten, die mit Orsay- und Pimkie-Tüten herumlaufen, zu fragen, wie sie die überflüssigen Pfunde nach dem Weihnachtsfest wieder loszuwerden gedenken.

Natürlich verschweige ich dabei ebenfalls, dass oft keine Sau mit mir sprechen möchte, nicht mal die mediengeilen Jugendlichen, die ich vor dem Mediamarkt abfange, wo sie den ganzen Vormittag lang Computer gespielt haben, anstatt in die Schule zu gehen, und dass ich bei den Passanten in der Beliebtheitsskala ungefähr auf der gleichen Stufe rangiere wie die Aktivisten, die – mit Unterstützung von anschaulichem Fotomaterial und ungespielter Entrüstung – Unterschriften gegen die katastrophalen Zustände in deutschen Legebatterien sammeln. Am Ende gebe ich ihnen eine Unterschrift, und sie verraten mir, wie sie die überflüssigen Pfunde loswerden. Ein Geben und Nehmen.

Die Bekannte hat in ihren Erzählungen wiederum ausgespart, dass sie gerade ihr praktisches Jahr im Krankenhaus macht, dass sie oft niedere Arbeiten erledigen muss, dass sie mies bezahlt wird, total überarbeitet ist, keine Sau sie ernst nimmt und sie einen Chef hat, der – immer wenn sie vorbeikommt – laut ruft: »Lassen Sie mich durch – ich bin Arsch!«

Extra für Menschen im Berufseinstieg, für die die eigene Selbstfindung heute mit dem Beruf Hand in Hand geht und die sich schwertun, einen passenden Beruf zu finden, wurden neue Berufe erfunden, damit sich niemand, auch nicht der Berufsanfänger, der sich ganz, ganz unten in der Berufsanfänger-Nahrungskette tummelt, fühlen muss wie ein Vollidiot.

Natürlich kamen nicht wirklich neue Berufe hinzu, sie klingen nur besser und bieten eine ergiebigere Identifikationsgrundlage in einer Zeit, in der Berufseinstieg und -aufstieg schwerer geworden sind, das Image und die Wichtigkeit des eigenen Berufs aber umso gewichtiger. Euphemisierende Berufsbezeichnungen wie »Second personal manager assistant« hören sich halt besser an, als wenn man zugeben muss, dass man für den Chef den Kaffee macht, wenn der erste Assistent keine Lust dazu hat. Der im Einzelhandel tätige Verkaufsleiter des Gebiets Thüringen, ein wirklich unerotischer Job, wird zum »Area Manager South-East«, die Empfangsdame ist »Desk-Manager« und mit diesem Beruf wird doch die Selbstverwirklichung zum emotionalen Kinderspiel. »Lehrerin, das wär's vielleicht gewesen«, sagt meine Mutter manchmal nachdenklich.

»Wo sehen Sie sich in fünf Jahren?«

Nichts ändert sich je von heute auf morgen. Man merkt nicht, wie Dinge sich verändern, sondern nur, dass sie sich bereits verändert haben. Und ehe man sich versieht, macht man keine Arschbombe mehr ins Schwimmbecken, sondern befeuchtet erst mal seine Arme.

Immer ist es ja dieser 30. Geburtstag. Ein Geburtstag, der nicht mehr einfach nur als Geburtstag hingenommen wird. Ein Tag, der auch schlagfertige und eloquente Personen dazu bringt, witzig gemeinte Beileidsbekundungen als Geburtstagsgrüße auszusprechen, weil man nun auch mit im Boot sitzt. In einem Boot, in dem es nicht schön ist und von dem alle so tun, als würden sie sich darin nicht wohl fühlen. Es ist der erste Geburtstag, bei dem selbst Menschen, die ihren eigenen Geburtstag eigentlich mögen, unangenehm kokett werden und so tun, als würden sie ab morgen Thrombosestrümpfe tragen müssen oder eine Lesebrille.

An dem Tag des 30. Geburtstags passiert dann natürlich gar nichts. Was sollte denn auch passieren? Was sollte sich denn in einem einzigen Tag geändert haben, was am Tag davor noch ganz anders war? Auf der eigenen Feier wird man sich danebenbenommen haben und sich anschließend ein bisschen genieren. Der Briefkasten wird in den Tagen und Wochen danach nach wie vor nur einmal pro Woche geleert, unerfreulich aussehende Briefe werden mit spitzen Fingern wieder durch den Schlitz gedrückt, und man druckt weiterhin am heimischen Drucker alle Dokumente in der Farbe Magenta aus, weil das der einzige Tintenbehälter ist, der nicht leer ist. Man darf seine Giraffensocken behalten. Man muss nicht sofort in eine Doppelhaushälfte umziehen und den Tag damit verbringen, in Bermudas und einem Sonnenhut zwischen Usambaraveilchen zu stehen und einen runden Gartenswimmingpool mit einem Käscher von Laub und Insekten zu reinigen. Alles scheint wie immer. Kein Grund zur Sorge.

Der Wandel kommt schleichend, manchmal war er sogar schon da, und er wird einem in zufälligen Situationen bewusst. Dann, wenn man sich zufällig im Kaufhaus in einem Spiegel sieht, wie man in einer Haltung genau wie die eigene Mutter durch die Abteilung mit den Schnäppchen schlurft. Unbemerkt, heimlich, ohne Verabschiedung des Alten und Begrüßung des Neuen und ohne dass es in dem Moment des Wandels aufgefallen wäre. Man weiß nicht, wie lange man schon läuft wie die Mutter.

Plötzlich erschrickt man, wenn man durch Zufall mal durchrechnet, dass man die erste beste Freundin jetzt bereits seit 25 Jahren kennt. Eine Freundschaftsjahreszahl, die man sonst nur von Freundschaften der Eltern kennt. »Sabine und ich sind jetzt schon seit 25 Jahren befreundet«, das klingt nicht nach mir, sondern nach Mama. Man merkt es, wenn man besoffen in einer Bar von der Interrail-Reise erzählt und das Gegenüber fragt, wann das denn war, und man will reflexartig antworten: »Ach, vor drei, vier Jahren«, und muss dann doch feststellen, dass es schon 12 Jahre her ist und dass man findet, dass man auf den Fotos noch ganz genau so aussieht wie damals.

Das erste Mal fiel es mir auf einer Reise in Mexiko auf, dass sich etwas geändert hatte. Nicht, weil ich in diesem Urlaub besonders über mich oder mein Leben nachgedacht hätte. Sondern weil meine Reisebegleiterin weinte, weil sie ihren Rucksack hasste und Sehnsucht nach ihrem zitronengelben Rollkoffer hatte. Weil ich in einem stinkigen Reisebus in Chiapas ein aufblasbares Nackenkissen und Ohrenstöpsel herausholte und keine Ärzte-Lieder mehr grölte wie früher. Ich bekomme nicht mal mehr alle Texte der Ärzte-Lieder zusammen, ohne dass mir zwischendurch aufgefallen wäre, wie sie langsam aus meinem Kopf verschwunden sind.

Man merkt nur irgendwann, dass sie weg sind und dass das doch nicht sein kann, weil man sie doch gestern noch an einem Lagerfeuer gesungen hat, in einer Zeit, in der man in Parks Lagerfeuer machte, deswegen Angst vor Polizisten hatte und sich geschworen hat, dass man niemals mit jemandem auch nur ein Wort sprechen würde, der die CDU wählt.

Kein Wunder, dass die Zeit in dieser zweiten Pubertät eine Zeit großer Verunsicherung ist. Eine Zeit, in der man für bestimmte Dinge zu alt und für andere zu jung ist. Eine Zeit, in der man plötzlich von Jugendlichen gesiezt und von Chefs immer noch geduzt wird und in der man dann plötzlich selber nicht mehr sicher ist, ob es jetzt in Ordnung ist, wenn man am Wochenende an einem Foto-Automaten vorbeiläuft und mit der Freundin gemeinsame Passbilder schießt, auf denen man abwechselnd Grimassen und Kussmünder in die Kamera macht.

Man ist jetzt in einem Alter, in dem man plötzlich Wanderurlaube machen und sich über frische Luft freuen darf. Je kleiner der Ort, desto besser. Jetzt darf man ernsthaft aufhören zu rauchen, und andere beneiden einen aufrichtig darum. Man darf allerdings seine rauchenden Freunde noch nicht zum Rauchen auf den Balkon schicken oder in ihrer Gegenwart in der Luft fächern und das Mutter-Wort »Raucherei« verwenden. Man darf sich jetzt einen guten Bademantel anschaffen und Sonntagabend den Tatort gucken. Man darf langsam, wirklich langsam anfangen, kochen entspannend zu finden und Rezepte aufzuschreiben. Man darf sie allerdings noch nicht aus einer Zeitschrift beim Zahnarzt herausreißen. Damit muss man noch mindestens fünf Jahre warten. Und 15 Jahre muss man noch darauf warten, dass man mit einer Küchenschere in der Hand neben einer abonnierten Kochzeitschrift sitzen darf. Ein schmaler Grat.

Heute darf man wieder mit seinen Eltern verreisen. Man darf seine Eltern sogar nett finden. Man darf seinen Balkon bepflanzen, wohingegen man vor einigen Jahren schon ein Idiot war, wenn einem die Geranie nicht schon auf dem Weg zur Baumarktkasse eingegangen ist. Man darf Yoga machen, es allerdings nicht so ernst nehmen und keine Kerzen dazu anzünden, und man darf sich im Freundeskreis gegenseitig besonders kompetente Ärzte raten.

Es ist jetzt in Ordnung, ein bequemes Fahrrad zu haben, es dürfte sogar einen Fahrradkorb haben. Der Korb dürfte allerdings noch nicht vorne am Rad befestigt sein, das nämlich geht erst in zehn Jahren. Man darf jetzt zu Italienern gehen, in denen es keine Pizzen auf der Speisekarte gibt. Sowieso darf man mittlerweile auch essen gehen und sich mit Freundinnen am Freitagabend zum Essen verabreden. Man darf abends alleine ein Glas Wein trinken, ohne dass die Eltern sofort Angst haben, dass man verwahrlost. Man darf sich allerdings noch nicht so richtig gut mit Wein auskennen. Man darf jetzt zum Kaffee ein Glas Leitungswasser bestellen. Man darf zu »Espresso« nicht mehr »Expresso« sagen und denken, es hieße so. Man darf morgens in den grauen Himmel gucken und dann vorsichtshalber einen Schirm mitnehmen. Man darf aber noch keinen eigenen Knirps kaufen, sondern Regenschirme müssen weiterhin noch aus dem Hause der Eltern stammen. Man darf auf einmal bemerken, dass es gar nicht stimmt, dass der eigene Vater immer und ausnahmslos recht hat.

Man darf heute nicht mehr schon nach zwei Wochen zum Partner »ich liebe dich« sagen, sondern muss mindestens drei Monate warten. Man darf jemanden nicht mehr hassen, nur weil er mit einem Schluss gemacht hat. Man sollte langsam anfangen, nach einem zu verwendenden Ersatz für das Wort »krass« zu suchen. Man darf jetzt nicht mehr unbedingt zu »Rock am Ring« fahren wollen und nicht mehr nach jedem Konzert ein Band-T-Shirt erwerben. Und es ist nicht mehr schlimm, wenn einen bei Konzerten die tanzenden Mädchen in der ersten Reihe plötzlich ein wenig befremden und wenn man denkt, dass es einem einfach zu voll ist und man sich hier nicht unterhalten kann. Man darf nicht mehr stolz darauf sein, nach einem Saufabend einen Filmriss zu haben. Man darf sich nicht mehr regelmäßig hemmungslos mit Alkohol betrinken, der nicht schmecken, sondern nur knallen soll, und man darf in Diskotheken keinen selbstgemischten Wodka-Lemon mehr in 1,5-Liter-Plastikflaschen in Rucksäcken mit reinschmuggeln. Das geht auch schon deshalb nicht, weil man keine Rucksäcke mehr tragen darf. Es ist auf einmal nicht mehr cool zu studieren. Praktika sind auch nicht mehr cool. Man darf nicht mehr zu allem Ketchup essen und an Getränken nicht mehr nur Multivitamintabletten und Leitungswasser im Haus haben. Man darf als Frau nicht mehr behaupten, man habe noch nie masturbiert. Ebenso sollte man langsam aufhören, Orgasmen vorzutäuschen. Als Mann dafür darf man nicht mehr mit seinen Freunden gemeinsam onanieren.

Man darf nicht mehr alle Leute zwingen, beim eigenen Umzug zu helfen. Man darf nicht mehr allein bei McDonald's gesehen werden, man sollte jetzt zwei Bettgarnituren mit identischen Bezügen haben. Man darf nicht mehr wegen Gras nach Holland fahren, sondern muss sich jetzt auch Amsterdam angucken und wenn möglich noch Den Haag.

Man darf nicht mehr besoffen auf die Straße pinkeln, aber – Achtung! – man darf auch noch nicht in jedem größeren Kaufhaus in gebückter Haltung hektisch die Toilette aufsuchen und danach freimütig davon erzählen, dass der Beckenboden auch schon mal besser drauf war. Man darf noch nicht Weihnachten mit Freunden anstatt mit den Eltern verbringen. Man darf seinen eigenen Partner noch nicht mit »Mutti« oder »Vati« anreden, auch dann nicht, wenn man Kinder hat. Man darf noch keine Twin-Sets tragen, und man muss zur eigenen Menstruation noch »Tage« sagen, noch nicht »Regel« oder »Blutung«. Man darf noch keine Gürteltasche auf Städtereisen tragen, weil es praktisch ist. Man darf noch nicht »Mon chérie« mögen und seine Wände noch nicht Eierschalenfarben streichen. Man darf noch keine Badeanzüge tragen, auch dann nicht, wenn es besser aussehen würde als ein Bikini. Man darf noch nicht zum Friseur gehen, nur um sich die Haare legen, aber sie nicht schneiden zu lassen. Man darf keine faulen Lebensmittel essen, nur weil sie laut Verfallsdatum eigentlich noch nicht faul sein dürften. Man darf noch keine Zahnstocher nach dem Essen benutzen, man darf noch keine halben Bananen im Kühlschrank aufbewahren und noch keine praktischen Kurzhaarfrisuren tragen. Man darf noch nicht die »Brigitte« abonnieren und noch nicht breitbeinig in der Sauna sitzen.

Wer ins Schwimmbad geht und plötzlich bemerkt, dass er nicht mehr mit einer Arschbombe ins Becken springt, sondern beim langsamen Betreten des Beckens im knietiefen Wasser stehen bleibt, um sich mit Schaufelbewegungen zuerst die Arme mit Wasser zu benetzen und sich an die Temperatur zu gewöhnen, der weiß, dass er wahrscheinlich auch den Apfelrest einfach vollständig mitisst, wenn kein Mülleimer in der Nähe ist, um ihn dort zu entsorgen.

Man darf nicht mehr große Augen machen und sagen, man hätte die Aufgabe mangelhaft erledigt, weil man irgendwas nicht richtig verstanden habe oder etwas passiert sei, an dem man selber keinesfalls irgendeine Art von Schuld habe. In diesen Fällen muss man sich zu helfen wissen. Vielleicht dachte ich früher, dass ich mit 30 im Büro Praktikanten schikanieren würde.

Julia ruft am Ende eines Arbeitstages am Ende eines Sommers an. Sie sagt, sie hätte eine Umfrage machen müssen für einen Radiosender. Leider habe sie so gut wie alle Aufnahmen gelöscht und ob ich vorbeikommen und eine böse Westberliner Frau spielen könnte, die ins Mikrophon schimpft, dass der Verfall der City-West ja nun wirklich das Hinterletzte sei. Wir stellen uns auf den Balkon, um Straßenatmosphäre zu fingieren. Wir gucken wieder auf die Schienen der überirdischen U2 und auf die große Kreuzung aus Eberswalder Straße, Schönhauser Allee und Danziger Straße. Rechts ist ein Club, in dem jede Nacht am Wochenende Dreißigjährige um eine große Tischtennisplatte stehen und Rundlauf spielen. Geradeaus ist die Kastanienallee, die sich gerade selbst überlebt.

Ich sage ins Mikrophon, dass der Verfall der City-West ja wohl das Hinterletzte und dass der Ku'damm früher doch das Aushängeschild Berlins überhaupt gewesen sei. Ich klinge ernsthaft empört und sehr ernst. Dann sage ich »Scheiß Osten« und »Alles Osten außer West-Berlin«, weil sich das schön plakativ anhört. Dann schaltet Julia das Gerät ab, und ich frage: »War ich okay?«, und sie sagt: »Du warst wieder einmal super!« Wir stoßen mit einem ungekühlten Billiggetränk an. Vielleicht war es auch ein guter Wein. Wir könnten es ja eh nicht richtig auseinanderhalten und nur manchmal so tun.

Julias Radiobeitrag zum Verfall der City-West kam ausgezeichnet an. Sie sei immer unheimlich nah dran an ihren Protagonisten, sagt ihr Chef. Wären solche O-Töne gestellt, man würde es merken, vor allem er als alter Radiohase, sagt er. Sie hat Aussichten auf einen Dreimonatsvertrag und ist sehr stolz. Ihr Vater sagt, was man mit so einem Scheiß-Mini-Vertrag denn bitte anfangen soll.

Matthias hat sich neulich endlich getraut, einen Bewerber in einem Vorstellungsgespräch zu fragen, was seine persönlichen Schwächen seien, und dabei bemerkt, dass es in diesem Moment wirklich weniger um eine Antwort als um ein Machtgefühl geht, das sich nicht unangenehm anfühlt und gleichzeitig implizit die einzuhaltende Rangordnung absteckt. Der Bewerber hat geantwortet, dass er leider ein außerordentlich launischer Zeitgenosse sei, und Matthias hat ihn nicht eingestellt.

Antonia hat am 60. Geburtstag ihres schnauzbärtigen Vaters nicht abgehoben, als ihr Chef auf dem Handy anrief. Sie rief auch nicht zurück und dachte sich am Montag darauf auch keine Ausrede dafür aus. In diesem Moment, sagt sie, habe sie sich der Welt, die sie erreichen soll, fast nah gefühlt.

Lars habe ich noch einmal wiedergetroffen. Er feierte seinen 30. Geburtstag. In demselben Kölner 50-er-Jahre-Haus, in der WG mit den niedrigen Decken, dem Teppich im Flur und der Cordcouch, die mittlerweile so durchgelegen war, dass man, saß man aufrecht, den Küchentisch nur mit dem Kinn erreichte. Claudia war nicht gekommen, wurde aber ebenbürtig von Lars' neuer Mitbewohnerin vertreten, die eine Claudia war, obwohl sie Miriam hieß.

Der Nudelsalat war schon fast alle. Der ehrliche Nudelsalat mit den Gewürzgurken und der Fleischwurst, dessen spärlicher Rest am nächsten Morgen von demjenigen aus der Rührschüssel gekratzt und gegessen werden wird, der als Erstes die dreckige Küche betritt, eine Dose Faxe-Bier zur Seite schiebt, sich an den Küchentisch setzt und in Ruhe die Spuren der eigenen Exzesse auf sich wirken lassen wird.

Miriam sagte, puh, was für eine schöne Party das gewesen sei, und verteilte die restlichen Mäntel von der Garderobe an die im Flur stehenden Gäste, die noch übrig waren. Die Bravo-Hits-CD war schon aus. Es war die »Nummer 2«, die mit Dr. Albans »It's my life« beginnt. Miriam fragte Paul und Maria, ob sie nicht ein paar Buletten mitnehmen wollen. Die mit Rosmarin und der Prise Chili. Maria verdrehte orgiastisch die Augen und sagte »super gerne«.

Dann würde Miriam die wenigen übriggebliebenen Leute, die alleinstehenden griffigen Frauen und die Männer, die plötzlich einen Vollbart haben und geringelte, dünne Schals tragen, ein bisschen in Richtung Treppenhaus drängeln. Immer nur so viel, dass die es nicht merken, dass sie gedrückt werden. Die Party war vorbei.

Die Tanzfläche aber war nicht leer, und die Musik war nicht aus. Lars war noch da. Im Treppenhaus hörte man Besoffene nach unten fallen. Niemand nahm versehentlich eine falsche Jacke mit nach Hause und entschied sich dann nach Bemerken des Irrtums, einfach die andere Jacke zu behalten, weil sie teurer aussah. Miriam gab Partygästen gefüllte blaue Müllsäcke mit, die sie unten in den Container schmeißen sollten.

Lars zog widerwillig mitstolpernde Frauen, die schon ihre Jacken anhatten, ruppig von der Tür zurück auf die Tanzfläche und legte noch einmal »Kiss« von Prince auf und küsste an den falschen Stellen in die Luft. Die Tanzpartnerinnen ließen sich nur noch aus Höflichkeit schief lächelnd ein kleines Stückchen führen, dann wanden sie sich aus der schwitzigen Fünf-Uhr-morgens-Umarmung.

Lars machte weiter. Lars wollte, dass alles so blieb, wie es war. Und wenn sich morgen jemand treffen sollte, dann bitte zum Döner und nicht zu Kuchen. Und eine Bulette besteht aus Hack und altem Brötchen, nicht aus Rosmarin. Er klatschte laut im Takt, den keiner außer ihm mehr hörte, die Hände über dem Kopf zusammen und rief: »Und jetzt alle!« Ab und zu winkten Ärmel in Jacken ins Wohnzimmer herein, um sich zu verabschieden.

Lars tanzte um sein altes Leben.

Danke

Frauke

Violetta Simon

HURRA, WIR LIEBEN NOCH!

Wir haben es immer schon gewusst:
In einer Beziehung können wir gemeinsam Probleme lösen,
die wir alleine nie gehabt hätten. Ob Kommunikation, Kör-
pergeräusche oder Kosenamen – offenbar wurden Mann und
Frau nur aus einem Grund erschaffen: Damit sie sich gegen-
seitig in den Wahnsinn treiben.
Violetta Simon macht uns Mut, trotzdem durchzuhalten.
Entwaffnend ehrlich führt sie uns durch alle Phasen einer
Beziehung und zeigt: lieber eine Nervensäge zum Partner als
gar kein Hobby.

KNAUR TASCHENBUCH VERLAG